ÉTUDES AMÉRICANISTES

BIBLIOTHÈQUE AMÉRICAINE A. LESOUEF

TOME II. — PARTIE 1.

BIBLIOGRAPHIE PÉRUVIENNE

PAR C.-A. PRET

SECRÉTAIRE-GÉNÉRAL DE LA SOCIÉTÉ D'ETHNOGRAPHIE
MEMBRE DU COMITÉ D'ARCHÉOLOGIE AMÉRICAINE.

PARIS
ERNEST LEROUX, LIBRAIRE-ÉDITEUR
28, RUE BONAPARTE

1903

BIBLIOGRAPHIE PÉRUVIENNE

ÉCRITS RELATIFS AU PÉROU PRÉCOLOMBIEN ET AUX POPULATIONS INDIGÈNES DE CE PAYS

A.

Aa (Pieter VAN DER). — Naaukerige versameling der gedenk-waardigste zee en land Reysen na Oost en West-Indiën, mitsgaders andere gewesten gedaan...; beginnenden met het Jaar 1246 en eyndigende op den tijd..... (Recueil complet des voyages les plus remarquables, sur mer et sur terre, aux Indes Orientales et Occidentales, ainsi qu'en d'autres contrées, dont quelques-uns n'ont jamais été imprimés, d'autres sont traduits pour la première fois de leurs langues originales, et plusieurs notablement améliorés; commençant avec l'année 1246 et finissant à l'époque actuelle, 1696). — Publié à *Leyde* par Pierre van der Aa, 1707. — 28 tomes en 29 vol. pet. in-8o; 300 pl. et cartes. — B. N. Inv. G. 26994 à 27022. [1

— *Ibid.* — 8 vol. in-fol.

Collection du libraire-éditeur hollandais P. van der Aa, né dans la seconde moitié du XVIIe siècle, mort vers 1730. Il fonda une librairie à Leide, en 1682, où il publia notamment d'importants ouvrages de géographie et de voyages, au nombre desquels figure cette grande collection, qu'il fit paraître sous le nom de Gottfriedt, et qui est la traduction hollandaise des recueils des frères De Bry, de Hakluyt, de Hulsius, de Thévenot (voy. ces noms) et autres, à laquelle ont été ajoutés des récits de voyages publiés pour la première fois.

Abajo Fernandez (Joaquín). — Colon ante el commercio del mundo. Estudio economico y comercial del descubrimiento de America. *Madrid*, tip. de R. Fé, 1892. — In-16, 180 p. — P. 879. [2

Acarrete. — Voyage à Buenos Ayres. — Voy. Thévenot, et *infra*, nº 18. [3

L'ouvrage publié sous le titre suivant : A Relation of Mr. R. M.' voyage to Buenos Ayres, and from thence by land to Potosi. — *London*, 1716, pet. in-8º 117 p. — n'est qu'une réimpression de la traduction publiée, en 1696, du voyage du sieur Acarrete à Buenos Ayres, dans la collection Thévenot. — Paris, in-fol.

Acosta (Cristoforo). — Voy. HORTA et MONARDES.

Acosta (Cristoval). — Voy. ORTA (Garcia DE).

Acosta (Joaquín), Colonel. — Compendio historico del descubrimiento y colonizacion de la Nueva Granada en el siglo decimo sexto. *Paris*, Impr. de Beau, en San German en Laye, 1848. — In-8º, 480 p., pl. — P. Angrand. 602. [4

Voy. BOLLAERT (W.) — Antiquarian... Researches in New Granada, Peru, etc.

L'auteur s'est servi, pour la composition de cet ouvrage, de deux parties non encore publiées du ms. de Pedro Simon (voy. ce nom), Noticias historicas, écrites à Cuenca, en 1627.

Acosta (P. Joseph D'). — De Natura Novi Orbis libri duo, et de Promulgatione Evangelii apud barbaros, sive de procuranda Indorum salute libri sex. *Salmanticæ*, ap. Guillelmum Foquel, 1589 (1589-1590). — In-8°, 640 p. — D. 21685. [5

— *Salamanca*, 1895 (2e édition). — In-8°, 581 p.

— *Coloniæ Agrippinæ*, in officina Birckmannica, 1596 (3e édit.). — In-8°, 581 p. — D. 21686 et D. 22820.

—— De promulgando Evangelio apud barbaros sive de procuranda Indorum salute libri VI, authore Josepho Acosta. *Lugduni*, sumptibus L. Anisson, 1670. — In-8°, 501 p. et table. — D. 26187 et P. Angrand. 603. [6

Acosta (el P. José DE). — Historia natural y moral de las Indias, en que se tratan las cosas mas notables del cielo, y elementos, metales, plantas y animales dellas, y los ritos, y ceremonias, leyes y govierno y guerras de los Indios. *Sevilla,* Juan de Leon, 1590. — In-4°. 535 p. — P. 337. [7

C'est la première édition espagnole de cet ouvrage. Elle est divisée en sept livres, dont les deux premiers sont une traduction par l'auteur lui-même de l'édition latine publiée l'année précédente (Voy. *supra* n° 5), et dont les cinq autres paraissent pour la première fois.

— *Barcelona*, emprenta de Jayme Cendrat, 1591. — Pet. in-8°.

— *Girona*, A. Garrich, 1591. — In-8°. — 344 feuillets et tables. — P. 337. A.

— *Sevilla*, 1591. — In-8°.

— *Madrid*, en casa de Alonso Martin, 1608. — In-4°.

Citée ap. *Ensayo de una Biblioteca Española. Madrid*, 1863. — In-8°.

— Ibid., 1610. — In-4°.

— Ibid., P. Aznar, 1792 (6e édit.), 2 vol. in-4° de 306 et 352 p. (la meilleure édition ancienne de cet ouvrage, précédée d'une notice biographique sur l'auteur). — P. Angrand. 301-302.

— Ibid., 1851-1855, 4 vol. in-fol. — Seule édition contenant le livre XXXIII.

Acosta (le P. José de), né à Medina del Campo, Vieille-Castille, vers l'an 1539, entra n'ayant pas encore 14 ans dans la Société de Jésus, 1553. Il fut d'abord professeur de théologie à Ocaña. En 1571, il passa aux Indes Occidentales. Il fut le second Provincial du Pérou, où il résida 16 ans (1571-1587). Il mourut recteur à Salamanque, le 1er février 1600. Cet ouvrage, qui a joui d'une grande réputation, a été traduit dans plusieurs langues de l'Europe.

Acosta (José DE). — Historia naturale e morale delle Indie... Novamente tradotta della lingua spagnuola nella italiana, da Giovanni Paolo Galucci (et non Gallacio, comme imprime Dorsey, A Bibliography of the Antropology of Peru, Chicago, 1898, p. 57) Salodiano Academico Veneto. In *Venetia*, presso Bernardo Basa, 1596. — In-4°, 173 p. [8

Acosta (le P. Joseph D'). — Histoire naturelle et morale des Indes tant Orientales qu'Occidentales... composée en castillan par Joseph Acosta et traduite en françois par Robert Regnault, Cauxois. *Paris*, Marc Orry, 1597. — In-8°. [9

— 1598. — Ibid. In-8o, 375 feuillets et table. —8o G. 18168.

— 1600. — Ibid. In-8o, 375 feuillets et table. —8o G. 18169.

— 1601. — Paris. In-fol.

— 1606. — Paris, Marc Orry. In-8o. — 8o G. 18170.

— 1616. — Paris, Adrien Tiffaine. — In-8o, 375 feuillets et table. — 8o G. 18171.

— 1617. — Ibid. — In-8o.

— 1619. — Ibid. — In-8o.

— 1621. — Ibid. — In-8o.

—— The natural and moral History of the East and West Indies, written in Spanish, by father Joseph de Acosta, translated into English by E. G. (Edward Grimston). *London*, 1604. — In-4o.

— Reprinted from the English translated edition of Edward Grimston, 1604, and edited with notes and an introduction by Clements R. Markham... *London*, the Hakluyt Society, 1880. — 2 vol. in-8o de XLV-295 et XIII-295 à 551 et une carte grand in-fol. reliée in-8o. — Rés. G. 2735. A (4-6). [10

Fait partie de la collection éditée par la Hakluyt Society, vol. LX-LXI. — Voy. aussi Markham (Cl. R.).

—— Historie naturael ende morael van de Westersche Indien : Waer inne gehandelt wordt van de merckelijckste dinghen des Hemels, Elementen, Metalen, Planten, ende Ghedierten van dien : als ook de Manieren, Ceremonien, Wetten, Regneringen en de Oorloghen der Indianen... overgeset door Jan Huyghen van Linschoten. *Enckhuysen*, 1598. — In-8o. [11

—— Ontdekking van West-Indien... nyt het Spaans. Verladd P. van der Aa, etc. Deil 8. *Leyden*, 1727. — In-fol. [12

—V. Theodor de Bry. — Von Gelegenheit der Elemente Natur de Neuer Welt. J. H. van Linschoten. 1601. — In-fol.

— V. Th. de Bry. — America nova pars... de novis orbis naturæ Acosta. America. Pars IX. *Francoforti*, 1602. — In-fol.

— V. Th. de Bry. — Paralipomena Americæ, hoc est discursus accurataque Americæ descriptio, America. Pars XII. *Francoforti*, 1624. — In-fol.

Acosta (El Doctor D. Manuel Luciano). — La guerra civil entre los incas, escrita... en 1837. *Montèvideo*, imprenta Oriental, 1861. — In-4° de XXXVIII et de 39 à 422 p. [13

Acosta (El Doctor Nicolás), bibliófilo boliviano. — La lengua de Adán y el hombre de Tiahuanaco. Résumen de estas obras por el Dr Villamil de Rosa. Con una introduccion del Dr N. A. *La Paz*, 1888. — In-8°. [14

Acosta de Samper (Doña Soledad). — Biografías de hombres ilustres ó notables relativas á la epoca del descubrimiento, conquista y colonizacion de la parte de America denominada actualmente Estados Unidos de Columbia. *Bogotá*, Impr. de la « Luz », 1883. — In-8°, XVI-447 p. — Pj. 33. [15

Acuña (el Padre Christoval DE). — Nuevo descubrimiento del gran rio de las Amazonas... al qual fué, y se hizo por orden de S. M., el año de 1639, por la provincia de Quito en los reynos del Perú. *Madrid*, imprenta del Reyno, 1641. — In-4°, 46 feuillets. — P. 39 *bis* et Rés. P. 39 *bis*. A. [16

Les chapitres 23 à 43 (feuillets de 10 à 20) de cet ouvrage contiennent la description des tribus indiennes. — L'auteur et ses compagnons sont les premiers Européens qui aient traversé ces régions.

— Reimpreso segun la primera edicion de 1641. *Madrid*, tip. de J. C. Garcia, 1891. In-16. XXI-235 p. (Coleccion de libros que tratan de America raros y curiosos, tome II).

—— Relation de la rivière des Amazones, traduite par feu M. de Gomberville sur l'original espagnol du P. Christophle d'A. *Paris*, Claude Barbin, 1682. — 4 vol. in-12. — Rés. P. 39 *ter*. — Inv. G. 30382. [17

— *Paris*, chez la veuve Louis Billaine, 1682. — 4 vol. in-12. — Rés. P. 39 *ter*. A.

— Voy. ROGUES (Woodes). — Voyage autour du monde. *Amsterdam*, 1716. — 2 tomes en 3 vol. in-12. — G. 30380-2 et P. Angrand. 1245-6.

— *Ibid.*, 1735. — 3 vol. in-12. — G. 30383-5.

— Voyages and discoveries in South America. — The first up the river of Amazons to Quito in Peru, and back again to Brazil, performed at the command of the king of Spain by Ch. d'A. The second up the river of Plata by Mons. Acarete (Voy. *supra*, n° 3). The third from Cayenne into Guiana, in search of the lake of Parima by M. Grillet and Bochamel. Done into English from the originals.

With notes and maps. *London*, S. Buckley, 1698. — 3 parties en 1 vol. in-8°. [18

— New Discovery of the great river of the Amazons... translated with notes and an introduction by C.-R. Markham. *London*. 1859. — In-8°. [19

(Hakluyt Society Publications. N° 24. — « Expeditions, etc.).

—— Bericht von dem Strom derer Amazonen, erstlich in Spanischer Sprache herausgegeben von P. C. de A., aus der Gesellschaft Jesu, nachgehends in das Französische übersetzet durch Herrn von Gomberville... Nunmehr alles in Teutschen an das Licht gestellet einen aus gemeldter Gesellschaft. [20

Voy. Fernandez (J.-B.). — Erbauliche und angenehme Geschichten derer Chiquitos, etc. 1729. — In-8°.

— Bericht von dem Strom derer Amazonen, etc. — Neuer Welt-Bote, etc., 1733. — In-8°.

— Reise auf dem Amazonen Flusse. 1637-1640.

Voy. Schwabe (J.-J.). — Allgemeine History der Reisen, etc. — (T. XVI). *Leipzig*, 1747. — In-4°.

Actes de la Société d'Ethnographie. — *Paris*, 1859-1882. — On trouvera les indications des articles concernant l'ancien Pérou insérés dans ce recueil au nom de chacun des auteurs. — V. aussi Ethnographie (Société d') (Actes de la).

Adam (Lucien). — Études sur six langues américaines : Dakota, Chibcha, Nahuatl, Kechua, Quiché et Maya. *Paris,* Maisonneuve et Ce, 1878. — In-8°, VIII-165 p. [21

— Examen grammatical comparé de seize langues américaines (Montagnais, Chippeway, Algonquin, Cri, Iroquois, Hidatsa, Dakota, Chaçta, Nahuatl, Maya, Quiché, Caraïbe, Chibcha, Kechua, Kiriri, Guarani). *Paris*, Maisonneuve et Cie. — In-8°, 84 p., 6 tableaux. [22

Extrait du compte-rendu de la 2e session du Congrès international des Américanistes, tenue à Luxembourg en 1877, t. II, p. 161-244.

—— Le Quichua est-il une langue aryenne? *Paris*, Maisonneuve et Cie, 1878. — In-8°. [23

Compte-rendu du Congrès international des Américanistes, 2e session, *Luxembourg*, 1877, p. 75.

Adam (Luciano) et Ch. Leclerc. — Arte de la lengua de los Indios Antis ó Campas... conforme al manuscrito original hallado en la ciudad de Toled *(sic)* por Charles Leclerc, con un Vocabulario metódico y introduccion comparativa. *Paris*, J. Maisonneuve. 1890. — In-4°. 1-118 p. [24

Bibliothèque linguistique américaine, tome XIII.

Adams (Hannah). — A View of Religions, in two parts. — Part I, containing an alphabetical compendium of the various religious denominations which are appeared in the world from the beginning of the Christian era to the present day. — Part II, containing a brief account of the different schemes of religions now embraced among mankind. *Boston*, Manning and Loring, 1801, 3d edition. — In-8°. — D.2 5407. [25

Adams (Herbert B.) and Henry **Wood**. — Columbus and his discovery of America. *Baltimore*, the Johns Hopkins press, 1892. — In-8°. — 8° 2840. [26

Johns Hopkins University Studies in historical and political science. 10th series, nos 10-11.

Adams (John), Esq. — A Voyage to South America, describing at large the Spanish cities, towns, provinces, etc., on that extensive continent. Interspersed throughout with reflections on the genius, customs, manners and trade of the inhabitants, together with the natural history of the country... Undertaken by command of the King of Spain, by Don G. J. et Don Ant. de Ulloa. — Translated from the original Spanish. *London*, 1758. 2 vol. — In-8°. [27

— Réimprimé. — Ibid., 1760, 1772 et cartes avec pl. *London*, 1806. — 2 vol. in-8°, XXVI-479 et 419 p.

Adams (Oscar Fay). — A brief Handbook of American Authors. *Boston*, Houghton, 1884. — In-16. — Pz. 594. [28

Adams (William Henri Devenport). — Land of the Incas and the City of the Sun, or the Story of Francisco Pizarro and the Conquest of Peru. Illustr. *London*, 1885. — In-8°. [29

Adelung (Friedrich). — Uebersicht aller bekannten Sprachen und ihrer Dialekte. *St-Petersburg*, bey N. Gretsch, 1820. — In-8°. — X. 20247. [30

Adelung (Johann Christoph). — Mithridates oder Allgemeine Sprachenkunde, mit dem « Vater Unser » als Sprachprobe in beinahe fünfhundert Sprachen und Mundarten. *Berlin*, Voss, 1806-1817, 4 vol. in-4° — X. 5930-5935. [31

Vol. II et III (parties 2 et 3).

Voy. VATER (Johann S.).

Agia (el Fray Miguel DE). — Carta sobre la intelligencia de una cedula real de 29 de noviembre de 1601 sobre tributos servicios de Indios. — *MSC*. [32

— Tratado y paracer sobre el servicio personal de los Indios del Pérù. *Lima*, 1604. — In-fol. — Ol. 772. [33

L'auteur était lecteur de théologie au couvent de San Francisco à Lima.

Agüeros (Pedro Gonzalez DE). — Descripcion historial de la provincia y Archipelago de Chiloé en el regno de Chile, y obispado de la Concepcion. *Madrid*, 1791. In-4° 318 p., cartes et planches. [34

Aguilar (Fray Francisco DE). — Relacion breve de la Conquista de la Nueva España. [35

Aguilar del Rio (Don Juan DE). — Memorial que offrece el licenciado D. J. de A. al Rey..., assi en lo que toca al bien espiritual como al temporal de los Indios naturales del, y a su conversion y enseñanza. *Lima*, 26 de Junio de 1623. In-fol. [36

Très important, en dehors de l'administration des Indiens, pour l'histoire de Fr. Pizarre.

Aguirre (Lope DE). — Voy. BOLLAERT (W.), et SIMON (el Fray Pedro).

Alaman (D. Lucas), **Andrade**, etc. — Diccionario universal de Historia y de Geografia. Con noticias historicas, estadisticas y biograficas sobre las Americas en general... *Mexico*, Audrade, 1853-1856. — 10 vol. gr. in-8o, de 650 à 1150 p. chac. [37

Alberino (Nicolas DE). — Verdadera y copiosa Relacion de todo lo nuevamente sucedido en los reynos y provincias del Perú, desde la ida á ellos del virrey Blasco Nuñez Vela hasta el desbarato y muerte de Gonzalo Pizarro, segun que lo vió y escrivió Nicolao de Albenino (*sic*), Florentino, traducido par Fernan Xuarez, vecino de Sevilla. *Sevilla*, 2 de enero de 1549, en casa de Juan de Leon. — In-8o. — Rés. Ol. 759. [38

Dans une note de Rich, *Bibliotheca Americana Nova*, il est dit ceci : « Copié sur un ms. de la Bibl. Nat. de Paris ; — paraît avoir été imprimé; mais on n'en connait aucun exemplaire ».

Albinus (Petrus, Nivemontii). — Commentatio de linguis peregrinis atque insulis ignotis ex scripto manu ipsius edidit M. Samuel Cnautius misenensis biblioth. Acad. Wittemb. præp. accedit Hugonis Grotii de Origine gentium Americanarum dissertatio. *Vittembergæ in Saxonibus*, ap. J. Ludovicum Misellium. 1714. — Pet. in-8o. [39

Alcedo (D. Antonio DE). — Diccionario geografico-historico de las Indias Occidentales ó America : es á saber de los reynos del Perú, Nueva España, Tierra

Firme, Chile, y Nuevo reyno de Granada. Con la descripcion de sus provincias, naciones, ciudades, villas, pueblos, rios, montes, costas, puertos, islas, ecc., ecc. *Madrid,* 1786-1789. — 5 vol. pet. in-4o. [40

Ouvrage important et très estimé, qui a été traduit en anglais. — Voy.

—— The geographical and historical Dictionary of America and the West-Indies, translated and enlarged by G.-A. Thompson. *London,* J. Carpenter, 1812-1815. — 5 vol. in-4o; avec un atlas de 19 cartes par Arrowsmith. [41

Traduction anglaise de l'ouvrage précédent augmenté par le traducteur.

—— Biblioteca Americana. [42

MSC. qui a fait partie de la collection de Mr. Carter Brown, à Providence, Rhode-Island, États-Unis d'Amérique. — Ms. Jackson, J. Bibl. geog., nº 613.

Alcedo y Herrera (D. Dionisio DE). — Aviso historiso, politico, geografico, con las noticias mas particulares del Perù, Tiena-Firme, Chile y nuevo reyno de Granada, çon la relacion de las sucesos de 205 años, por la chronologia de los Adelantados, Presidentes, Governadoresy Virreyes de aquel reyno meridional, desde el año de 1535 hasta el de 1740. *Madrid,* Diego Miguel de Peralta, 1740. — Pet. In-4o. [43

— Ibid. — 1741. — In-8o.

—— Aviso... con la relacion... çontinuada hasta 1760. *Madrid,* 1762. — In-4o. [44

—— Compendio historico de la provincia, partidos, cindades, astilleros, rios y puerto de Guayaquil, en las costas de la mar del Sur. *Madrid*, Manuel Fernandez, 1741.— In-4o, 131 p. et 1 carte. [45

L'auteur de ces deux ouvrages est le père d'Alcedo, l'auteur du *Diccionario de las Indias Occidentales,* mentionné sous le nº 40.

Alcobasa (Diego DE). — Confessionario (en Español, Quichua y Aymara). *Lima*, 1585. [46

Ouvrage très rare cité par Markham, *Royal Commentaries,* t. II, p. 200, note. — Voy. ce nom.

Algarotti (il conte Francesco). — Saggio sopra l'Imperio degl' Incas. [47

Opere. *Livorno*, M. Coltellini, e *Londra*, 1764-1765. — 10 vol. in-16. — T. III, p. 175-200. — Z. 31382-31389.

— *Cremona*, L. Manini, 1775-1784. — 8 vol. in-16. — T. IV, p. 161-186. — Z. 3540-7-31416.

— *Venezia*, C. Paleso, 1791-1794. — 17 vol. in-12. — T. IV, p. 171-202. — Z. 31394-31406.

— Opere scelte. Saggio sopra il commercio, t. I, p. 447-8. *Milano*, Classici italiani, 1823. — 3 vol. in-8o. — Z. 45433-45435.

—— Dissertation on the Empire of the Incas, by Francis A. — Publié à la suite de la traduction anglaise de son Histoire du commerce, de la marine, etc., de l'Empire de Russie, et de quelques autres de ses ouvrages. *London*, 1769. — 2 vol. in-8o. [48

—— Œuvres (traduction française d'une partie des œuvres d'A.). *Berlin*, 1771. — 3 vol. pet. in-8o. [49

Allen (Frederick H.). — Pizarro or the Discovery and Conquest of Peru. Edited by F. H. A. Illustrated. *Boston*, 1881. — In-8°. [50

Almendral (Martin de) y **Holguin** (Pedro Alvarez DE). — Muy poderoso señor Jorge de Ortega, en nombre de doña... Holguin de Orellana y de Martin Diego de Almendra, y doña Juana y doña Ana Almendral, etc., 1580-1851. — In-f., parch. [51

MSC. inédit. Travail de valeur relatif aux services personnels de Martin de Almendral et de Pedro Alvarez de Holguin, lors de la découverte et de la conquête du Pérou. P. Alvarez de Holguin, un des capitaines de Franç. Pizarre, fut tué le 16 sept. 1542, lors de la défaite d'Almagro le jeune par Vaca de Castro. — V. P. Chaix, *Histoire de l'Amérique Méridionale au XVI*e *siècle*, t. II, p. 222. — Voy. ce nom.

ALTERTHÜMER (PERUANISCHE), herausgegeben von der Verwaltung des Königl. Museums für Völkerkunde, 64 Lichtdrucktafeln mit erlæuter. Text von E. Seler. *Berlin*, 1892. — In-fol. [52

V. SELER (E.).

Althaus (Clemente). — Poesias patrioticas y religiosas. *Paris*, A. Laplace. 1862. — In-8o, 211 p. — Yg. 2953. [53

Alvarez (el licenciado). — De Titulis regni piruani. [54

Alvarez de Toledo (Fernando). — Puren indomito, poema referente á la Historica de la conquista de chile, por el capitan Fernando Alvarez de Toledo, publicado bajo la direccion de don Diego Barros Arana. *Leipzig* et *Paris*, A. Franck, 1862.—In-8.—P. 381. [55

Biblioteca americana, t. I.

Americana. — Bulletin du Bouquiniste américain et colonial et de l'amateur de livres relatifs à l'Asie, etc. *Paris*, Librairie E. Dufossé. — In-8°. [56

Ce bulletin a paru depuis 1876 jusqu'en 1901.

La collection se termine avec le n° 17 de la 11° série.

Elle est continuée, depuis cette époque, par le *Bibliophile Américain* (voy. *infra*), publié par la librairie Chadenat, de 1888 jusqu'à aujourd'hui, et dont le n° 29 vient de paraître.

Amich (el P. José). — Compendio historico de los trabajos, fatigas, sudores y muertes que los ministros evangelicos de la serafica religion han padecido. *Paris*, Rosa y Bouret, 1854. — In-12, 392 p. — P. Angrand. 616. [57

Anales del Circulo literario de Lima. *Lima*, nov. 1873 à 1885. — 3 vol. [58

Anales universitarios del Peru, redactados y publicados por los rectores de la Universidad de San Marcos de Lima. Tomos I-XXVI. *Lima*, 1862-1892. — 26 vol. [59

Anchorena (José Dionisio). — Gramática Quichua ó del idioma del imperio de los Incas. *Lima*, 1874. — In-8°. [60

Andagoya (Pascual de). — Récit des aventures de Pedrarias d'Avila en Tierra Firme ou Castilla de Oro, etc. [61

MSC. original en espagnol, dans les Archives des Indes, à Séville. Contient la plus ancienne notice du Pérou.

Voy. NAVARRETE (Fernandez DE). — Coleccion de los viages... Tomo 3°. — Madrid, 1825. — In-4°. — Voy. aussi édit. MARKHAM. Map. *London*, 1865. — In-8°. — Hakluyt Society Publications, n° 34.

P. de A., Espagnol, né dans la province d'Alava. Se rendit au Darien en 1514. Eut connaissance de l'existence de l'Empire des Incas lors de son expédition dans la province de Biru en 1622. Explora plus tard le Sud de l'Empire. Revenu à Panama pour cause de maladie, il transforma l'entreprise de la découverte et de la conquête en une association formée, à Panama, entre Pizarre, Almagro et Luque, dont il fut l'agent jusqu'en 1536. Mourut à Cuzco en 1548.

—— Pascual de Andagoya, um episodio de historia patria. As quatro derradeiras noites dos inconfid. de minas geraes (1792). — *Rio-de-Janeiro,* 1868. [62

Andrade (J.-M.).

Voy. ALAMAN (Lucas). — Diccionario universal de historia y de geografia, etc. — *Mexico,* Andrade, 1853-1856. — 10 vol. gr. in-8°.

Anderson (George William).—A new, complete and universal Collection of authentic and entertaining Voyages and Travels to all parts of the world... *London,* Alex. Hogg, 1721. — In-fol., 836 p., avec cartes et gravures. — G. 1810. [63

Anderson (James) D. D. — Royal Genealogies, or the genealogical Tables of Emperors, Kings and Princes, from Adam to these times, in two parts. Part I. Begins with chronological History of the World from the beginning of time to the Christian Æra ; and then the genealogies of the earliest great families and most ancient sovereigns of Asia, Europe, Africa and America down to Charlemain and many of them down to these times. — Part II. Begins with the great Revolution of Charlemain and carries the royal and princely Genealogies of Europe down to these times, etc. *London*, Charles Davis, 1732. — 2 parties en un vol. gr. in-fol. [64

— Ibid., 1736 (the second edition, with new Addenda and Corrigenda), gr. in-fol. XXIV-812 p. — Inventaire G. 975.

Table CLXXI. The ancient kings of Mexico and Peru, p. 379.

—— Généalogies royales, ou Tables chronologiques et généalogiques des empereurs, des rois et des princes, depuis Adam jusqu'à notre temps, traduites de l'anglais de Jacques Anderson, par le R. P. Joseph Brunet du Vezis... — *Paris*, L.-G. Dehansy, 1765. In-fol. — Dép. des mss., ms. fr., 27718, fol. 357. [65

Prospectus. L'ouvrage ainsi annoncé ne paraît pas avoir été publié.

Andersson (Nils-Johan). — Eine Weltumsegelung mit der schwedischen Kriegsfregate Eugenie (1851-1853). Deutsch von Prof. Dr. K. L. Kannegiesser. *Leipzig*, Verlagsbuchhandlung von Carl B. Lorck, 1854. — In-8°, VIII-384 p. — G. 24717. [66

Notamment le chap. IV, p. 67 à 95.

(Hausbibliothek für Lander-und Volkerkunde. Erster Band).

Andree (Dr). — Ueber die Ableitung der Amerikaner aus der alten Welt (in der Allgemeine Zeitung, 1854, n° 28). [67

Andree (Karl). — Buenos Ayres und die argentinischen Provinzen, herausgegeben von K.-A. — *Leipzig*, C.-B. Lock, 1856. — In-16, xx-426 p. — G. 24722. [68

(Hausbibliothek für Lander-und Volkerkunde. *Leipzig*, 1851-1857. — 13 vol. in-8°. — G. 24717-24724.— T. x).

Préface : I-XX, et liv. Ier, Découverte et conquête des régions de la Plata par les Espagnols (1515-1620), p. 1 à 42.

— Geographie des Welthandels, mit geschichtlichen Erläuterungen, von Dr K. A. — *Stuttgard*, J. Engelhom (J. Maier), 1862-1877. — 3 tomes en 4 volumes in-8° (vol. I, 668 p.; vol. II, xx-975; vol. III (1re part.), 1265 p.; vol. IV (2e part. du t. III), VIII-772 p.). — 8°V. 1688. [69

Peru, t. I, p. 73, 271, 276. — T. II, p. 597 et suiv.

Andree (Richard) Dr. — Die Anthropophagie, eine ethnographische Studie, von R. A. *Leipzig*, Veit, 1887. — In-8°, VI-105 p. — 8° G. 5748. [70

Peru, p. 76-77.

— Ethnographische Parallelen und Vergleiche, von R. A. Avec 6 pl. et 21 gr. sur bois. *Stuttgart*, J. Maier, 1878. — In-8°, XII-303 p. — 8° G. 459. [71

— Id. — Neue Folge. Avec 8 fig. dans le texte et 9 pl. *Leipzig*, Veit und Comp., 1889. — In-8°. — 8° G. 459.

—— Die Fluthsagen. Ethnographisch betrachtet. *Braunschweig*, Vieweg et Sohn, 1891. — In-12, XI-152 p. et un tableau. [72

—— Handels-und Verkehrsgeographie, mit geschichtlichen Rückblicken, von Dr R. A. *Stuttgart*, J. Maier, 1871. — In-8°, VIII-406 p. — G. 18329. [73

Introduction, p. 1 à 52, notamment Navigation et Découvertes, p. 39 et suiv.

—— Die Metalle bei den Naturvölkern, mit Berücksichtigung prähistorischer Verhältnisse von R. A., mit 57 Abbildungen im Text. *Leipzig*, Veit und Comp., 1884. — In-8°, XVI-166 p. — 8° V. 7148. [74

Kupfer und Bronze in Peru, p. 155 à 160.

Andres de San Nicolas (Fray). — Imagen de N. S. de Copacavana, portento del nuevo mundo ya conocido en Europa al real y supremo Consejo de las Indias, por el P. Fr. A. de S. N. *Madrid*, A. Garcia de la Iglesia, 1663. — In-4°, 148 feuillets. [75

Copacavana ou Copacabana, ville de la province de Omasuyo du Pérou, située sur une langue de terre qui entre dans la grande lagune de Titicaca ou Chucuito. L'image miraculeuse y fut placée en 1583 dans un temple somptueux richement orné.

Andrews (Joseph) Captain. — Journey from Buenos Ayres, through the provinces of Cordova, Tucuman and Salta de Potosi, to Potosi; thence by the deserts of

Caranja to Arica, and subsequently to Santiago de Chile and Coquimbo, in the years 1825-1826. *London*, 1827. — 2 vol. in-8°. [76

— Ibid. — 2 vol. in-12.

Anello Oliva. — V. OLIVA (J. Anello).

Angelis (Don Pedro **de**). — Coleccion de obras y documentos relativos á la Historia antigua y moderna de las Provincias del Rio de la Plata. *Buenos Aires*, imprenta del Estado, 1836-1837. — 6 vol. in-4° — Pq. 42. [77

Voy., pour l'indication des matières contenues dans chacun des six volumes, Ch. Leclerc, *Bibliotheca Americana*, 1er Supplément (1881), n° 2646.

Le tome V contient la sentence prononcée par le visitador Don José Antonio de Areche contre Tupac Amaru.

— *Buenos Aires*, 1900. T. I et II (réimpression, en cours de publication).

—— Ensayo de la historia civil del Paraguay, Buenos Aires y Tucuman. Édité par le Dr Don P. de A. *Buenos Aires*, 1856 (2e édit.). — 2 vol. in-8°. [78

Anghiera (Pietro Martire **d'**). — V. MARTYR D'A. (Petrus).

Anglerius (Petrus Martyr). — V. MARTYR D'A. (P.).

Angliara (Juan **de**). — Viagio e paese dell isola del Oro trovata per J. de A., capitano di re di Spagna con tutto il viver e costumi. *Ferrara*, 4 de mayo de 1521 (1520). [79

Isola de Oro est le nom que Marco Guazzo (Voy. ce nom), dans son chapitre sur Pizarre, donne au Pérou. — Cet ouvrage n'est guère connu à présent que par la traduction allemande de 1520. Voy. Martyr d'Anghiera (Pierre).

Angrand (Léonce). — Antiquités américaines. Lettres sur les antiquités de Tiaguanaco et l'origine présumable de la plus ancienne civilisation du Haut-Pérou. 3 pl. Extrait de la *Revue générale de l'architecture et des travaux publics*. (Signé : L. Angrand, 25 octobre 1866). *Paris*, imp. J. Claye (1867). — Gr. in-4°, 48 p. — Po. 17 et Z. Renan, 40. [80

Annales de philosophie chrétienne. — Recueil périodique destiné à faire connaître tout ce que les sciences humaines et en particulier l'histoire, les antiquités, l'astronomie, la géologie, l'histoire naturelle, la botanique, la physique, la chimie, l'anatomie, la physiologie, la médecine et la jurisprudence renferment de preuves et de découvertes en faveur du christianisme. De juillet 1830 à nos jours. — 72e année (1902). — La collection comprend, jusqu'à septembre 1902, 144 vol. in-8°. — Fondateur : M. Augustin Bonnetty. — Directeur : M. l'abbé Charles Denis. — Voy. au nom de chaque auteur. [81

Annales de la Congrégation de la Mission (1834-1902). *Paris*. — In-8°. — 8° H. 101. [82

Voy. Tables générales, chronologique et alphabétique, des cinquante premiers volumes (1834-1885). *Paris*, 1886. — In-8° — P. 154, 161, 176-188.

Annales des Voyages. — Voy. Malte-Brun.

Annales (Nouvelles) des Voyages. — Voy. Malte-Brun.

Annuaire (Actes et) de la Société Américaine de France (1863-1902). [83

Annuaire de la Société d'Ethnographie. — Voy. Ethnographie (Société d').

Les articles concernant le Pérou précolombien insérés dans ces différents recueils seront signalés aux noms de leurs auteurs respectifs.

Anonyme. — La Conquista del Perú llamado la Nueva Castilla, la cual tierra por divina voluntad fue maravillosamente conquistada en la felicissima ventura del imperador y rey nuestro señor y por la prudencia y esfuerzo del muy magnifico y valeroso cavallero el capitan Francisco Pizarro, gobernador y adelantado de la Nueva Castilla y de su hermano Hernando Pizarro, y de sus animosos, fieles y esforçosos compañeros que con él se hallaron. *Sevilla*, en casa de Bartolome Perez. — In-fol. goth. [84

Rarissime ouvrage cité dans la *Bibliotheca heberiana*, VII, n° 4600, et par Brunet, *Manuel du Libraire*, t. II, col. 230, et H. Ternaux (Compans), *Bibliothèque américaine*, n° 41.

— Dictámen sobre el dominio de los Yncas y daños que ha causado. [85

Dans la *Coleccion de documentos ineditos para la historia de España.*

Cet ouvrage est peut-être du chapelain du vice-roi Don Francesco de Toledo, le Dr Pero Guttierez (voy. ce nom), qui l'accompagna dans sa visite générale à travers le Pérou.

— Letera de la nobil cipta novamente ritrovata alle Indie con li costumi e modi del suo re e suoi popoli, il modo del suo adorare con la bella usanza delle donne loro e delle due persone ermafrodite donate da quel re al capitano dell'armata. — Data in *Zhaval* a di XXV di settembre MDCXXXV. — S. l. et a. — In-4° de 4 feuillets. [86

Description d'une ville que l'auteur nomme Zhaval. La relation est si obscure qu'il n'est guère possible d'en inférer dans quelle partie de l'Amérique l'auteur la place, d'autant plus que le récit paraît plein d'exagération. Il en existe une réimpression moderne, la rattachant, peut-être non sans fondement, au Pérou. Elle porte en effet : Data in *Peru* a di XXV di Novembre del MDXXXIIII.

— Notice sur plusieurs langues indiennes de la Nouvelle-Grenade. [87

Revue de Linguistique, n° de Juillet 1879. — Maisonneuve et Ce.

— Relacion... (en Quichua). [88

Ouvrage msc. en partie traduit, en 1608, par le Dr Francisco de Avila (voy. ce nom). Mentionné par D. Marcos Jimenez de la Espada dans Tres Relaciones de Antigüedades Peruanas, Introd., p. XXXII (Voy. le n° suivant et vis Antigüedades Peruanas).

— Relacion (anónima) de las Costumbres de los naturales del Pirú. [89

A paru dans *Tres Relaciones de Antigüedades Peruanas*, II, p. 137 à 227, publié par Don Marcos Jimenez de la Espada. *Madrid*, Imprenta y fundacion de M. Tello, 1879. — Pet. in-4°. — Ol. 1004 et P. Angrand. 1320.

— Relacion (anónima) de muchas cosas acaecidas en el Perú, en suma, para entender á la letra la manera que se tuvó en la conquista y poblazon (*sic*) destos reinos, y para entender con quanto daño y perjuicio se hizo de todos los naturales universalmente de esta tierra, y como per la mala costumbre de los primeros se ha continuado hasta oy la gran vexacion y destruicion de la tierra ; y si Nuestro Señor no trae remedio, presto se acabaran los mas de los que quedan, por manera que lo que aquí trataré, mas se podrá dezir destruicion del Perú que conquista ni poblazon. [90

L'auteur, qui ne se nomme pas et ne s'est pas fait connaître autrement, se trouvait au Pérou dès les premières années de la conquête. C'était un ecclésiastique et il avait suivi Almagro à la découverte du Chili. M. Jimenez de la Espada (*Tres relaciones de antigüedades peruanas* (cité supra), Introd., p. XIII-XIV) croit que l'auteur peut fort bien être le P. Cristobal de Molina (voy. ce nom), à qui l'on doit plusieurs autres ouvrages estimés.

—— Relacion (en Quechua). [91

Ouvrage cité par M. Jimenez de la Espada, *Tres relaciones*, etc., Introd., p. XXXVII.

—— Relaciones geograficas de Indias. *Madrid*, 1881. — Perú. Tome 1er. [92

Anrep-Elmpt (Reinhold, Cte). — Reise um die Welte. Beschreibung von Land und Meer nebst Sitten und Kulturschilderungen mit besonderer Berücksichtigung der Tropennatur von R. Graf A. E. *Leipzig*, Gressner und Schramm, 1887. — 2 vol. in-8o, de x-318 et VIII-352 p. — 8o G. 5894.

Tome II, notamment Peru, p. 201 et suiv. [93

Anson (George). — A voyage round the world in the years 1740, 1, 2, 3, 4, by G. A., compiled from papers and other materials of... G. lord A., and published... by Richard Walter. *London*, J. and P. Knapton, 1re édit. 1745-46 ; 2e éd., 1747. — 1748 (the third edition), in-8o, 548 p. — G. 18920. [94

Nombreuses autres éditions anglaises de 1748, 1749, 1756, 1769, 1776, 1781 ; éditions françaises de 1749, 1750 (2 édit.), 1751, 1764, 1883, et une édition allemande de 1754.

Book, II, ch. V-VI, p. 237-268.

ANTIGÜEDADES PERUANAS (Tres Relaciones de). Publicalas el Ministerio de Fomento con Motivo del Congreso Internacional de Americanistas que ha de celebrarse en Bruselas el presente año. *Madrid,* Imprenta y fundicion de M. Tello, 1879. — Pet. in-4o. XLIV-328 p. — Ol. 1004 et P. Angrand. 1320. [95

ANTIQUARIAN (The) Magazine and bibliographar. *London*, in-8o, 1882-1885. — 8o Z. 2060. — Voy. WALFORD'S ANTIQUARIAN.

ANTIQUITÉS AMÉRICAINES. Lettre sur les antiquités de Tiaguanaco et l'origine présumable de la plus ancienne civilisation du Haut-Pérou... (Voy. supra no 80). [96

Antonio (Dr Nicholas). — Biblioteca hispana nova sive hispaniorum scriptorum qui ab anno MD ad MDCLXXXIV floruere Notitia, anctore D. Nicolao Antonio. *Matriti*, apud J. de Harra, 1788. — 2 vol. in-fol. — Q. 436-437. [97

Anvers (A. D.) (Voy. Du Pouget (J. F. A.), marquis de Nadaillac). — Prehistoric America. Translated by H. D. A. *New-York*, 1893. — In-8°. [98

Apianus (Petrus). — Cosmographica, sive Descriptio universi orbis Pars prima. *Antwerpiæ*, apud C. Plantinum, 1574. — In-4°. — V. 7461 et Rés. p. V. 29. [99

Voy. Gomara (Francisco Lopez de). — El sitio y descripcion de las Indias y Mundo nuevo.

Il existe de cet ouvrage de fort nombreuses éditions, de 1539, 1540, 1550 (édit. franç.), 1550, 1551, 1553, 1574, 1581 (édit. franç.), 1584 (édit. latine et édit. franç.)

Peter Benevitz ou Bienevitz dit Petrus Apianus, né à Leissnig (Saxe), en 1495, mort á Ingolstadt, (où il professa plus de trente-trois ans à l'Université), en 1551, d'après Jocher, ou 1552, d'après Vossius. — Voy. Harrisse, *Bibliotheca Americana vetustissima*, t. I, n° 127, p. 238.

Apollonius (Levinus). — De Peruviæ regionis, inter Novi Orbis regiones celeberrimæ, inventione, et rebus in eadem gestis libri V. Ad Jacobum Claroutium Maldeghemmæ ac Pitteniæ dominum. Brevis exactaque Novi Orbis et Peruviæ regionis Chorographia. *Antwerpiæ*, ap. Joannem Bellerum, 1565 (1566). — In-8°, 236 feuillets et 7 Index (avec une carte). — Rés. Ol. 767. [100

— Ibid. — 1567. — In-8°, 236 feuillets et Index (1 carte). — Ol. 767. A.

— *Basle*, 1582. — In-fol.

Parmi les bibliographes, les uns (Rich, n° 44; Ternaux, n° 97) mentionnent deux éditions différentes. D'autres ne mentionnent que l'édition de 1565 et ajoutent qu'il existe des exemplaires sous la date de 1566.

Levinus Apollonius, voyageur hollandais du XVIe siècle, naquit à Bruges vers 1530. Son ouvrage, qui contient beaucoup de détails sur les mœurs et usages des temps antérieurs à la conquête, embrasse la période écoulée depuis la découverte du Pérou jusqu'à la mort de Gonzalo Pizarre (1526-1548). Il mourut aux Canaries, en se rendant au Pérou. — Voy. Jöcher, *Lexikon*, avec le supplément d'Adelung.

Appleton (Miss A. I.) — *Ed.* The American Catalogue. *New-York*, 1876-1891. — 3 vol. in-fol. — Fol. Q. 153. [101

Arana (Don Diego Barros). — Voy. FIGUEROA (Don Cristoval Suarez de). — Coleccion de historiadores del Chile. — 7 vol. in-8°. — Tome III. Introduccion... *Santiago*, imp. del Ferrocaril, 1865. — In-8° — X. 560 p. — Pp. 131. [102

—— Proceso de Pedro de Valdivia i otros documentos ineditos concernientes á este conquistador, reunidos i anotados por D. B. A. *Santiago de Chile*, 1873. — In-8°. [103

Contient la dépêche de Gasca au Conseil, narrant la défaite et l'exécution de Gonzalo Pizarre, etc., datée de Cuzco, 7 mai 1548, et autres dépêches de Gasca. — Markham mentionne le document cité par Prescott sous le titre de : « Relacion del licenciado Gasca » comme une copie mutilée de cette dépêche.

—— Historia jeneral de Chile. *Santiago*, Jover, 1884-1897. — 14 vol. in-8°. Pp. 117. [104

—— Notas para una bibliografía de obras anónimas i seudónimas sobre la historia, la geografía y la literatura de America. *Santiago de Chile*, imprenta nacional, 1882. — Gr. in-8°, 171 p. — 4° Q. 229. [105

Ed. ALVAREZ DE TOLEDO. — Puren indomito, poema... *Leipzig* et *Paris*, 1861. — In-8°. *Bibliotheca Americana*, tome I. — P. 381. [106

Araoz (Guillermo). — Navigacion del rio Bermejo y viajes al gran Chaco. *Buenos-Aires*, impr. europea, 1886. — In-8°, 416 p. et une carte. — Pq. 484. [107

ARCHÆOLOGIA AMERICANA. — Transactions and Collections of the American antiquarian Society. *Worcester* (Massachusetts), 1820, 1836, 1850-57, 1860. — 4 vol. in-8°. — P. Angrand. 621-624. [108

ARCHÆOLOGICAL REVIEW (The). *London*, in-8°. — 8° G. 6145. [109

ARCHÉOLOGIE. AMÉRIQUE. — The American Journal of Archæology and of the history of the fine arts. *Baltimore*, gr. in-8°. — Pb. 2965. [110

ARCHÉOLOGIE PÉRUVIENNE. — Voy. TSCHUDI (J.-J. von) et Lopez (V.-F.). — Deux Lettres à propos d'archéologie péruvienne.

ARCHITECTURE. AMÉRIQUE. — Voy. HAIN (A.-R.).

ARCHIV (ETHNOGRAPHISCHES). — Herausgegeben von F.-A. BRAN. Bde I-XII. *Jena*, 1818-21. [111

Contient de nombreuses traductions de récits de voyages anglais en Amérique.

ARCHIV (INTERNATIONALES) FÜR ETHNOGRAPHIE. [112

ARCHIVES DE LA SOCIÉTÉ AMÉRICAINE DE FRANCE. [113

ARCHIVO BOLIVIANO. — Coleccion de documentos relativos a la historia de Bolivia durante la epoca colonial con un catálogo de obras impresas y de manuscritos que tratan de esa parte de la America Meridional, publicados por V. de Ballivian y Ronas. Tomo I. *Paris*, 1872. — xv-536 p. [114

ARCHIVOS DO MUSEU NACIONAL DO RIO DO JANEIRO. — Vol. I-X (avec de nombreux dessins et gravures coloriés hors texte et de nombreuses illustrations dans le texte). [115

Dessins d'objets de céramique, inscriptions, etc. (des Indiens).

Arenales (José). — Noticias históricas y descriptivas sobre el gran pais del Chaco y rio Bermejo, con observaciones, etc... *Buenos-Aires*, Hallez y Ca. 1833. — In-8o (avec cartes). [116

Ariaga (Pablo José DE). Voy. ARRIAGA (P. J. DE).

Arias (Francisco Gavino). — Diario de la expedicion del año de 1780 al Gran Chaco, mandada practicar por orden del virey de Buenos-Aires á cargo de su ministro Don F. G. A...—Primera edicion. *Buenos-Aires*, imp. del Estado, 1837. — In-fol., VIII-50 p. — Pq. 42. [117

COLECCIÓN DE OBRAS Y DOCUMENTOS relativos à la historia antigua y moderna de las provincias del rio de la Plata, por Pedro de Angelis (Voy. ce nom). Tomo VI.

Arias de Avila (Pedro) ou Pedrarias. — Lettere di Pietro Arias, capitano generale, della conquista del paese del Mar Oceano, scripte all Maesta Cesarea della cipta di Panama delle cose ultimamente scoperte nel Mar Meridiano decto el Mar Sur.— S. *l*. 1525.—In-16, 4 ff. [118

Pièce rare, en vers (ottava rima). Parle du départ de Pizarre à la découverte du Pérou en 1525.

Aribau (Buenaventura-Carlos). — *Ed.* Bibliotheca de Autores españoles. *Madrid*, 1846 et suiv. —In-4°. [119

Tomo XXIV. OVIEDO Y VALDES (Gonzalo Fernandez DE). — De la natural historia de las Indias. — Castellanos (Juan de). Elegias de varones illustres de Indias. — Xeres (Francisco de). Verdadera relacion de la conquista. [120

Tomo XXVI. ZARATE (Agustin DE). Historia del descubrimiento y conquista del Perú y de las guerras y cosas sucedidas en ella. — CIEZA DE LEON (Pedro DE). La Chronica del Perú. [121

Armas (Juan Ignacio de). — La Zoologia de Colon y de los primeros exploradores de America. *Habana*, 1880. — In-8°. [122

Armoiry (N.) — Histoire des missions célèbres dans tous les pays. *Paris*, N.-J. Philippart, 1862. — In-16, 64 p. [123

Voy. Missions d'Amérique, p. 8 à 22, notamment Missions des Moxes dans le Pérou, p. 15-17.

Arona (Juan de) (pseudonyme de Pedro Paz Soldan y Unanue). — Diccionario de Peruanismos (Kechua). Ensayo filológico. *Lima*, impr. de J.-F. Subis, 1887-1888. — In-4°. — 4° X. 360. [124

Arriaga ou **Ariaga** (El Padre Pablo José DE), de la Cª de Jesus. — Extirpacion de la idolatria del Peru. Dirigida al Re en su Real Consejo de Indias. *Lima*, J. de Contreras, 1621. — Pet. in-4°. — Ol. 778. [125

Arriaga, qui était prêtre, rapporte minutieusement et en détail les croyances et pratiques religieuses des principales peuplades indigènes du Pérou. — Cet ouvrage est très rare.

Arriaga (José Maria). — Instituciones de la Propaganda de la Fé. Exploraciones hechas por los misioneros franciscanos en las Montañas del Perú. [126

Arrowsmith. — Voy. ALCEDO (D. Ant. de).

ART (L') DE VÉRIFIER LES DATES. — 3 Parties. Vol. X et suiv. [127

Riche bibliographie à la fin de chaque section.

ARTE DE LA LENGUA GENERAL DEL COSCO. Qquichua. [128

MSC. in-4°, provenant de la Bibliothèque du Collège des Jésuites à Quito et composé par un missionnaire de cet ordre.

ARTE, DOCTRINA CHRISTIANA Y VOCABULARIO de la lengua Ante ó Campa segun algunos. [129

MSC. du 17e s., in-8° de 191 p., dont 139 pour la méthode ou grammaire (*Arte*), 16 pour la Doctrine chrétienne et 36 pour le Vocabulaire.

Asa Gray and **Hammond Trumbull.** — Review of Alph. de Candolle's Origine des plantes cultivées with adnotations upon certain American species. [130

In *The American Journal of Science*, XXV, 1883.

Asher. — Voy. Catalogue.

Asher (A.). — Bibliographical Essay on the Collection of Voyages and Travels edited and published by Levinus Hulsius and his successors at Nuremberg and Francfort, from anno 1598 to 1660. *London* and *Berlin*, 1839. — In-4°, 118 p. [131

Aspinwal (Thomas), colonel. — Catalogue of books relating to America in the collection of colonel Aspinwal, consul of U. S. of America at London. *Paris*, 1833. — In-8°, 66 p., 771 n^os^. [132

Assal. — Amerikanischen Denkmæler, 82. [133

Asta-Buruaga y Cienfuegos (F. S.). — Diccionario geográfico de la Republica de Chile. *Nueva York*, D. Appleton, 1867. — In-16. — Pp. 88..

— Id., *Leipzig*, F.-A. Brokhaus, 1899 (2e ed.)., gr. in-8°. — Pp. 88, A. [134

Ateneo de Lima (El). — Periodico. [135
1re série (1886-1888), 8 vol.
2e série (1899-1900), 2 vol.

Athabaliba (Atahuallpa, dernier roi ou empereur du Pérou). — Portrait en buste. — Vers 1560. — 28 cm. sur 17. [136

Œuvre d'un graveur hollandais anonyme.

Atheneum (The). Journal of english and foreign litterature, science, etc. *London*, 1826-1902 (3922 nos). [137

Atheneum français (L'). — *Paris*, 1852-1856, 5 vol. gr. in-4o. [138

Atiença (Lope de). — Compendio historico del estado de los Indios del Perú, con mucha doctrina y cosas notables de ritos, costumbres y inclinaciones que tienen, con otra doctrina y avisos para los que viven entre estos neophitos : nuevamente compuesto por L. de A., clerigo presbitero, criado de la Serenísima Reina Doña Catalina de Portugal, bachiller en cánones. Dirigido al Ilustrísimo Sr. Licenciado D. Joan de Ovando, del Consejo de Estado, presidente del Real Consejo de las Indias. [139

Atienza (Blas de). — Relacion de los Religiosos. *Lima*, 1617. [140

Le moine Blas de Atienza était fils de Blas de Atienza, qui servit sous Vasco Nuñez de Balboa, en 1515, et s'établit à Trujillo. Sa sœur Inez accompagna Pedro de Ursua dans son expédition à la recherche de l'Eldorado.

Atkins (John). — A Voyage to Guinea, Brasil, and West-Indies, in His Majesty's ships *the Swallow* and *Weymouth*... *London*, Ward and Chandler, 1737 (2d edit.). — In-8o. — O3 n. 13. [141

Augustin (Moine). — Voy. Ternaux-Compans, Recueil de documents, etc.

Augustus (Hieronymus Oliverius). — De Imperio Romano in pristinam gentem et dignitatem restituto liberunicus. Ejusdem de Partitione Orbis libri quatuor... — *Augustæ Vindelicorum,* P. Ulhardus excudebat, 1548. — In-4o. — Yc. 936. [142

« Ce poème *de Partitione Orbis* est très intéressant pour le collectionneur américain ». (Libri Catalogue pour 1861, p. 24, no 212).

Ausland (das). — *München,* 1830 et suiv. — G. 5203-5247. [143

Avalos y Figueroa (Don Diego de).

—— Primera parte de la Miscelanea austral de D. D. de A. y F. en varias coloquias interlocutores Delia y Cilena, con la defensa de Damas. *Lima,* 1602. [144

Avecilla (Pablo Alonso de la). — La Conquista del Peru. Novela historica original (avec Vignettes. *Paris,* 1852. — In-8o. [145

—— *Caracas,* 1853. — In-8o.

Avendano (D. de). — Thesaurus indicus. *Antwerp,* 1663. — In-fol. [146

Avendano (Hernando de). — Relacion de las idolatrias de los Indios. *Lima,* 1648. [147

—— Sermones de los misterios de nuestra Santa Fé catolica en lengua castellana y la general del Inca. Impugnanse los errores particulares que los Indios han tenido. *Lima*, 1648. 2 part. en un vol. in-fol. — Réc. D. — 3459 (3). [148

L'auteur, Liménien comme Avila et comme lui docteur de l'Université de San Marcos, était maître et professeur ès arts, vicaire de San Pedro de Casta et de San Francisco de Iguari en las Checras, curé de la paroisse de Santa Ana de Lima (Ciudad de los Reyes). Il fut présenté en 1619 pour un canonicat de l'Église de Cuzco ou une prébende (*racion*) de celle de Lima. — Voy. M. Jimenez de la Espada, *Tres relaciones*, Introd., p. XXXII.

Avila (El Dr Francisco DE). — Relacion que yo el Dotor (*sic*) F. de A., presbítero, cura y beneficiado de la ciudad de Guanuco hice por mandado del Sr. Arzobispo de Los Reyes, acerca de los pueblos de Indios de este arzobispado, donde se habia descubierto la idolatria y hallado gran cantidad de ídolos que los dichos Indios adoraban y tenian por dioses.

MSC. Mémoires écrits en 1611 et mentionnant les faits et les découvertes les plus remarquables de la visite de l'auteur, qui était prêtre, par les indigènes du Pérou.

Voy. M. JIMENEZ DE LA ESPADA, *Tres relaciones*, Introd., p. XXXIII, qui en possède une copie.

— Tratado y relacion de los errores, falsos dioses y otras supersticiones, y ritos diabólicos en que vivian antiguamente los Indios de las provincias da Huaracheri (*sic* pour Huarochiri), Mama y Chaclla, y hoy tambien viven engañados con gran perdicion de sus almas. Recogidos por el Dotor F. de A. presbytero (cura de la dotrina de Sant Damian de la dicha provincia de Huaracheri, y vicario de las tres arriba dichas), de personas fide dignas y que con particular diligencia procuraron la verdad de todo, y aun antes que Dios les alumbrase vivieron en los dichos errores y exercitaron sus ceremonias. Es materia gustosa y muy digna de ser sabida, para que se advierta la granda ceguedad en que andan las almas que no tienen lumbre de fee, ni la quieren admitir en sus entendimientos. No se refiere al presente mas que la historia... — Año de 1608. [149

MSC. Ouvrage qui paraît traduit, avec des additions, explications et observations personnelles d'Avila, d'un texte original quichua manuscrit, en 31 chapitres, dont les 3 ou 4 premiers correspondent à ceux du *Tratado y relacion...*, et qui, comme celui-ci, se trouve actuellement à Madrid. — De l'ouvrage d'Avila, qui ne comprend que sa partie purement historique, il ne reste que les six premiers chapitres et l'épigraphe du septième.

L'auteur, curé et vicaire dans la province de Huarochiri, fut plus tard pourvu d'un bénéfice de la ville de Huánuco, et devint enfin chanoine de l'église de la Plata.

Voy. M. Jimenez de la Espada. *Tres relaciones*, Introd., p. XXXII-XXXIV.

Avila (El P. Francisco), de Cuzco. — Tratado de los Evangelios... y general de los Indios deste reyno del Peru... y se refutan los errores de la gentilidad de dichos Indios. (Tom. seg. obra postuma de....). *Lima*, 1646-1648. — 2 vol. in-fol. [150

—— A narrative of the errors, false gods, and other superstitions and diabolical rites in which the Indians of the province of Huarochiri lived in ancient times. Translated and edited by Cl. R. Markham. *London*, 1873. — In-8°. — Inv. Rés. G. 2727.

Hakluyt Society, n° 48. Narrative of the rites and laws of the Incas, p. 123-151.

AYMARA ou AIMARA. — Voy. QUICHUA Y AYMARA.

Voy. MIDDENDORF (Dr E.-W.). — Die Aimará Sprache. *Leipzig*, 1891, In-8°. — BERTONIO (El P. L.), CATECISMO, ESCOBARI (Dr Isaac), TORRES RUBIO (P. Diego), SANJINÊS (P. Fr. F. de M.), VILLEGA (El licenciado A. de).

Azara (Don Félix **de**). — Voyages dans l'Amérique méridionale, par D. F. de A., commissaire et commandant des limites espagnoles dans le Paraguay, depuis 1781 jusqu'en 1801... publiés d'après les mss. de l'auteur, avec une notice sur sa vie et ses écrits, par C.-A. Walckenaer, enrichis de notes par G. Cuvier... suivis de l'histoire naturelle des oiseaux du Paraguay et de la Plata, par le même auteur, traduite par M. Sonnini... (4 nov. 1808), accompagnés d'un atlas de 25 pl. *Paris*, Dentu, 1809. — 4 vol. in-8° et atlas gr. in-4°. — P. 138 et P. Angrand. 648-651. Atlas in-fol. (gr. in-8°). P. Angrand, 144. [151

— Reisen in Südamerika, in den Jahren 1781 bis 1801. Aus dem Spanischem. Mit Anmerkungen und Leben des Verfassers von Walckenaer. Nach das Franzœsisches bearbeitet von W. A. Lindau. 3 Theile. Mit Karten und Kupfern. *Leipzig*, Hinrichs, 1810, gr. 8°. [152

— Id., aus dem Franzœsischen von Ch. Weyland. Mit 1 Karte (du Paraguay et de Buenos-Ayres). *Berlin*, Voss, 1810, gr. in-8°. [153

Voy. aussi Magazin von merkwürdigen neuen Reisebeschreibungen, de J. R. Forster, vol. 31. [154

Azara (José Nicolas **de**). — *Éd.* GARCILASO DE LA VEGA (Voy. ce nom). — Obras. *Madrid,* 1765. — In-8o — Yg. 2561. [155

— Id. *Madrid,* 1788. — In-16. Yg. 2562.

B.

Backer (Augustin et Aloïs **de**). — Bibliothèque des écrivains de la Compagnie de Jésus, ou Notices bibliographiques de tous les ouvrages publiés par les membres. *Liège,* impr. de L. Grandmond-Donders, 1853-1861, 7 vol. gr. in-8°. — Q. 1028-1034. [156

—— Nouv. édit. — Avec la collaboration de Ch. Sommervogel. *Liège,* l'auteur, A. de Backer ; *Paris,* l'auteur, C. Sommervogel, 1869-1876, 3 vol. in-fol. — Fol. Q. 4.

—— Bibliothèque de la Compagnie de Jésus. 1re Partie. Bibliographie, par les Pères Aug. et Aloïs de Backer. 2e Partie. Histoire par le P. Augustín Carayon. Nouv. édit. par Carlos Sommervogel. *Bruxelles,* O. Schepens ; *Paris,* A. Picard, 1890-1900. — 9 vol. gr. in-4°. — Fol. Q. 91. [157

Bacquere (R. **de**). — Voy. Pérou. — De wonderlycke ende warachitige Historie van Koninkrijch van Peru... (La merveilleuse et véridique histoire du royaume du Pérou...). Traduite de l'espagnol par R. de B. *Thantwerpen,* 1573. — In-4°. [158

Bajot (L. M.). — Abrégé historique et chronologique des principaux voyages de découvertes par mer, depuis l'an 2000 avant J. C. jusqu'au commencement du XIXe siècle. *Paris,* Imprimerie royale, 1829. — In-8°, IV-156 p. — G. 19098, [159

— Id., 1835. 2e éd., in-8°. — G. 19099.

Balbi (Adrien). — Atlas ethnographique du globe ou Classification des peuples anciens et modernes d'après leurs langues, précédé d'un discours sur l'utilité et l'importance de l'étude des langues, appliquée à plusieurs branches des connaissances humaines, etc., avec environ 700 vocabulaires des principaux idiomes connus. *Paris,* Rey et Gravier, 1826. — In-fol., X, 32 et Rés. g. X, 4. [160

Langues de la région péruvienne : Tableau 27 et tableau 41. Courte liste de mots.

Tome Ier auquel se joint une Introduction in-8°. Le tome second, qui devait contenir un *Tableau physique, moral et politique des cinq parties du monde,* n'a point paru.

Balboa (Miguel Cabello ou Cavello). — Miscelánea austral. (La 3e partie se rapporte au Pérou). [161

MSC., cité par Harrisse (*Bibliotheca Americana vetustissima,* tome I, p. 328, note) sous le titre de *Miscellanea Antartica.* Est, d'après cet auteur, conservé dans une bibliothèque privée, à New-York. — L'ouvrage fut composé vers 1586. La troisième partie, consacrée au Pérou, a été traduite par H. Ternaux-Compans, dans son grand Recueil ou Collection de documents relatifs à l'Amérique.

— Histoire du Pérou (inédite). *Paris*, A. Bertrand, 1840. — In-8°, VIII-331 p. — P. 201 et P. Angrand. 1361. [162

Traduite en français et publiée pour la première fois par H. Ternaux-Compans, dans Voyages, relations et mémoires originaux pour servir à l'histoire de la découverte de l'Amérique, t. XV.

Miguel Cavello Balboa, qui fut d'abord soldat, puis prêtre, s'établit à Quito en 1566. Il commença son manuscrit en 1576 et le termina en cette même ville de Quito en 1586. Il indique Cristoval de Molina comme lui ayant servi d'autorité pour les primitives traditions des Incas. Rapporte l'origine des populations de la côte, et donne un récit détaillé de la guerre entre Huascar et son frère Atahuallpa.

Balboa (Vasco Nuñez **de**). — Voy. NUÑEZ DE BALBOA (Vasco).

Baldomero Menendez (D.). — Manual de geografia y estadistica del alto Perú ó Bolivia, por D. B. M. *Paris*, libr. Rosa y Bouret, 1860. — In-8°, XI-13-323 p. — Po. 16. [163

Reseña historica, p. 13 à 38.

—— Manual de geografia y estadistica del Perú, por D. B. M., gobernador de provincia. *Paris*, libr. Rosa y Bouret, 1861. — In-18°, VII-383 p. — Pn. 7 et Pn. 7. A. [164

Reseña historica, p. 9 à 25.

— 2e édit. *Paris*, ibid., 1861. — In-18. (Enciclopedia hispano-americana).

Baldwin (John D.). — Ancient America in Notes on American Archæology. — Illustrations. *New-York*, Harper and brothers, 1872. — In-16, xii-299 p. — P. 540.
Pérou, ch. X, p. 222 à 276. [164 *bis*

Ball (John) F. R. S. — Notes of a naturalist in South America. *London*, Kegan Paul, Trench and Co, 1887. — In-8°, xiii-416 p., avec une carte de l'Amérique du Sud. — P. 783. [165
Sur le Pérou, consulter surtout les quatre premiers chapitres notamment p. 35 à 187.
— Autre édit. (avec additions). *Lima*, Fr. Sobrino y Bados, 1752. — In-fol. — F. 4716 et P. Angrand. 54. [166

Ballivian (M. V.) y E. **Idiaquez.** — Diccionario geografico de la Republica de Bolivia. *La Paz*, 1890. — In-8°, xv-164 p. [167

Ballou (Maturin M.). — Equatorial America. Descriptive of a visit to... the principal capitals of South America. *Boston*, Houghton, and *New-York*, 1892. — In-8°, x-371 p. — P. 853.
Pérou, chap. x, p. 334-371. [168

Balzan (L.). — De Reyes á Villa-Bella. Relacion á la Sociedad geografica italiana. Trad. par F. N. Armentia. *La Paz*, 1893. — In-8°, 44 p. [169

Bamps (Anatole). — Les Antiquités Équatoriennes du Musée Royal d'Antiquités de Bruxelles. S. l. n. d. — In-8°. [170

—— La quatrième session du Congrès international des Américanistes à Madrid. Compte-rendu présenté à la Société belge de géographie. *Bruxelles,* 1882. — In-8°. [171

—— La Science Américaniste. A propos du Congrès international de Madrid (du 25 au 28 sept. 1881). *Louvain,* 1882. — In-8°. [172

—— L'Exposition d'Antiquités américaines ouverte à Madrid à l'occasion de la quatrième session du Congrès international des Américanistes (25-28 sept. 1881). *Bruxelles,* 1883. - In-8°. [173

—— La Céramique Américaine au point de vue des éléments constitutifs de sa pâte et de sa fabrication. — Extrait du compte-rendu du Congrès international des Américanistes de Copenhague (21-24 août 1783). *Copenhague,* 1884. — In-8°. [174

—— Tomebamba, antique cité de l'empire des Incas. *Louvain,* 1887. — In-8°. [175

Bancarel (Fr.). — *Éd.* Collection abrégée des voyages anciens et modernes autour du monde... *Paris,* Fr. Dufort père, 1808-1809, 12 vol. in-8°. — G. 19109-19120. [176

Bancroft (Hubert Howe). — The Works of H. H. B. *San Francisco,* A. L. Bancroft and Co., 1883-1890. — 39 vol. in-8°, portr. — Rés. P. 751. [177

Tome V, p. 21 à 32 (Pérou).

— History of Central America, 3 vol. (VI-VIII), 1883-1887. — Vol. II (1530-1800), chap. I, Pizarro and Peru (1524-1544), p. 1 à 43. — Ch. VII, Alvarado's expedition to Peru (1531-1536), p. 122-132. — Ch. XII, Alvarado's last expedition (1537-1541), p. 201-213. — Ch. XIV, Threatened destruction of the Indies (1526-1543), p. 232-244. — Ch. XV, Panama and Peru (1538-1550), p. 245-273.

Voy. aussi du même auteur The New Pacific. *New-York*, 1900 : Aboriginal Civilization (of Peru), p. 343.

— History of the Pacific States of North America. Central America. — Vol. I (1501-1530). *London*, Trübner, 1883, LXXII-700 p. — 3 vol. in-8° — P. 713 [178

Administration des Indes, t. I, ch. V ; Pérou, t. II, ch. VII ; Mines, t. III, ch. III.

Bandelier (A. F.). — Squier's Peru. [179

Nation, de New-York, t. XXIV, p. 367 et 383.

Bandera (Damian **de la**). — Descripcion y Relacion de la provincia de Huamanca. [180

L'ouvrage est de 1557. L'auteur était Corregidor de cette province.

Barcia Caballido y Zuniga (D. Andres Gonzalez). Voy. Cardenas y Cano. — Historiadores primitivos de las Indias Occidentales, que juntó, traduxo en parte y sacó á luz, ilustrados con eruditas notas y copiosos indices.

T. I. Gonzalo Fernandez de Oviedo. — T. II. F. Lopez

DE GOMERA. — T. III. Xerez. Conquista del Perú. *Madrid*, 1749. — 3 vol. in-fol. [181

— Los Autores impresos y de mano que han escrito cosas particulares de las Indias Occidentales (Liste précédant l'édition originale de Herrera). [182

Édit. de Herrera de Tordesillas et de Garcilaso de la Vega. Voy. ces noms.

Voy. ce que dit de Barcia, mort en 1743, Ticknor, History of Spanish Literature, vol. II, p. 29, note 13, sur l'autorité de Baena, Hijos de Madrid, vol. I, p. 106.

Barcia-Pinelo. — Voy. PINELO-BARCIA.

Barlæus (Caspar). — *Trad.* HERRERA Y TORDESILLAS (Antonio DE). Novus Orbis, sive Descriptio Indiæ Occidentalis. *Amstelodami,* 1622. — In-fol. — P. 32. [183

Barlow (L. M. Samuel). — Collection and Library. — Voy. Harrisse (H.). Biblioth. americ. vetustiss., t. I, p. 484 et renvois.

Baronius (Cæsar). — Continué par Bzovius, (Annales...). — Voy. ce nom. [184

Barra (E. **de la**). — El Problema de los Andes. *Buénos-Aires*, 1895. — In-8°, 416 p. [185

Barranca (José S.). — Ollanta, ó sea la severidad de un padre y la clemencia de un rey. Drama traducido del Quichua al Castellano. *Lima,* 1868. — In-8°. [186

Barrault (Ernest). — Les Eaux minérales du Pérou. *Paris*, 1867. — In-8°. [187

Extrait de la Revue Américaine de Cessac, 1re année, n° 1 (10 nov. 1866), p. 38 à 54. — P. Angrand. 1235.

Barrere, Bouguer & De la Condamine. — Neue Reisen nach Guiana, Peru und durch das südliche America aus dem Franzosichen... übersetz... *Goettengen*, 1751, A. Vandenhocks Witive, 1751. — In-8°, 380 p., fig. et cartes. — G. 28863. [188

Sammlung neuer und merkwürdiger Reisen zu Wasser und zu Lande. 2r Theil.

Barroilhet (Cárlos). — Grandeza ó decadencía de Peru. *Paris*, imp. de d'Aubuisson et Kugelmann, 1858. — In-8°. Pn, 161. [189

Barros Arana (Diego). — Bibliotheca Americana. *Paris* (imprimé à Leipzig), 1862-1864. — In-8°. [190

Collection d'ouvrages inédits ou rares sur l'Amérique, éditée par D. B. A. — 2 parties (tout ce qui a été publié).

—— Compendio de Historia de America. — *Santiago*, 1865. — In-8°. [191

Partie I, chap. III, El Perú antiguo. — Partie II, ch. XIV, XV, XVI, Conquista del Perú.

Voy. aussi ARANA (D. B.).

Barry (Don David). — Voy. Ulloa (J. J. y Ant. de). *Éd.* de Noticias secretas de America, etc., gobierno y regimen particular de los pueblos de Indíos... escritas fielmente por D. J. J. y A. de U... sacadas á luz por D. B. *London*, 1826. — 2 vol. in-4°. — P. 161 et P. Angrand. 365. [192

Bartlett (J. R.).
Voy. Brown (J. C.).

Bartolomei (Girolamo). — L'America, poema eroico. *Roma*, 1650. — In-fol., 564 p. — Yd. 18. [193

Poème en quarante chants, dont Americ Vespuce est le principal héros.

Basadre (Modesto). — Riquezas peruanas. Coleccion de articulos descriptivos escritos para « La Tribuna ». *Lima*, 1884. — In-12. [194

Bastian (Dr. Adolf). — Der Mensch in der Geschichte. Zur Begründung einer psychologische Weltanschauung. *Leipzig*, O. Wigand, 1860. 3 vol., gd. in-8°, xxxv, 1.500 p. [195

— Ethnologische Forschungen und Sammlung von Material für denselben. *Iena*, H. Costenoble, 1871-1873. — 2 t. en 1 vol. in-8°, viii-600 p. — G. 19226-19227. [196

—— Geographische und ethnologische Bilder. *Iena*, H. Costenoble, 1873. — In-8°, xx-599 p. — Inv. G. 19225. [197

Nr. 1. Die Reste des Incareiches in Peru, p. 1 à 22.
9. Das Kloster Ocopa in Peru, p. 100 à 110.

34. Die Yankees im Goldlande Peru's, p. 499 à 549. Voy. aussi p. 336, 573, 575.

—— Die Culturlænder des alten America. *Berlin*, Weidmann, 1878-1889. — 3 vol. in-8° (cartes et pl.). — P. 635. [198

Vol. I. Ein Jahr auf Reisen. XVIII-704 p. (Aus Religion und Sitte des alten Peru, p. 441 à 682).

Vol II. Beitræge zu geschichtlichen Vorarbeiten auf westlicher Hemisphere. XL-967 p. (Die Geschichte der Inca in Peru, p. 3 à 183. — Zu Peru, Nachtrag zu Bd. I, p. 854 à 940. Anhang, p. 940 à 956.

Vol. III. Nachtræge und Ergænzungen aus den Sammlungen des ethnologischen Museums, I-200 et 90 p.

—— Die Rechtsverhæltnisse bei verschiedenen Vœlkern der Erde. Ein Beitrag zur vergleichenden Ethnologie. *Berlin*, Georg Reimer, 1872. — Gr. in-8°, LXXX-435 p. [199

Sur l'ancien Pérou, voy. notamment aux ch. III et IV.

—— Allgemeine Grundzüge der Ethnologie. Prolegomena zur Begründung einer naturwissenschaftlichen Psychologie auf dem Material des Vœlkergedanken. *Berlin*, D. Reimer, 1884. — In-8°, XXXII-144 p. — 8° G. 5221. [200

—— Die Culturlænder des alten Amerika. Schlussheft. Dem Internationalen Congress der Americanisten zur siebenten Sitzungüberricht um Verfasser (Oktober 1888). Mit 6 Tafeln, Nachschrift und Anmerkungen zu Nachschrift (p. 73-90). *Berlin*, Weidmann, 1889. — In-8°, 90 p. — P. 635. — Voy. n° 198. [201

Voy. aussi *Zeitschrift für Ethnologie*, Verhandlungen der Berliner Anthropologischen Gesellschaft, 1876, p. 210.

— Allerlei aus Volks-und Menschenkunde. *Berlin*, E. S. Mittler und Sohn. – 1888. — 2 vol. in-8°, planches. — 8° G. 6019. [202

Erster Band (mit 3 Tafeln in Lichtdruck), xi-512 p.

Zweiter Band (mit 18 photolithographischen Tafeln), cxx-380 p.

— Kulturhistorische und sprachliche Beitræge zur Kenntniss des alten Peru. *Wien* (Vienna) Akad., 1891. — In-8°. [203

— Controversen in der Ethnologie. *Berlin*, Weidmann, 1893-1894. — 4 vol. in-8°, vii-108, iv-55, viii-87-ix, xii-317. – 8° G. 7021. [204

— Ethnische Elementargedanken der Lehre vom Menschen. *Berlin*, Weidemann, 1895. — 2 Abtheilungen, in-8°, xvi-314, xlv-224 p., tableau. — 8° R. 14952. [205

— Die Denkschœpfung umgehender Welt aus kosmogonischen Vorstellungen in Cultur und Uncultur (mit schematischen Abrissen und 4 Tafeln). *Berlin*, F. Dunnuler, 1896. — In-8°, vi-211 p. et 4 pl. — 8° R. 13947. [206

Bastrina (Joaquín Maria). — América precolombiana. Conferencia pronunciada en el Ateneo de Barcelona. *Barcelona*, 1881. [207

Bates (Henry-Walter). — The Naturalist on the river Amazons, a record of adventures, habits of animals, sketches of Brasilian and Indian life... during 11 years of travel. *London,* 1863. — 2 vol. in-8o. [208

— Ibid., 1864 (2e édit.). — 2 vol. in-8o.

— Ibid., J. Murray, 1873 (3e édit.) — 2 vol. in-8o, x-394 p., fig. — Pc. 77.

—— Central America, the West Indies and South America. Edited and extended by H. W. B., with ethnological Appendix by A. H. Keane, M. A. I. (avec cartes et illustrations). *London,* 1874 (1re édit.). — In-8o. [209

— *London,* E. Stanford, 1882 (2e édit. revue). — In-8o, xviii-571 p., fig. et cartes. — 8o G. 1379.

(Stanford's Compendium of geography and travel).

— Ibid., 1885 (nouv. édit.). — In-8o.

Chap. iii et xv, Pérou.

— *Éd.* Illustrated travels, a record of discovery, geography ad adventure... *London* (s. d.). In-4o. — G. 6102 *bis.* Part I. [210

— *Éd.* The Journal of the royal geographical Society. Vol. 34 (-50). *London,* 1864-1880. In-8o. — G. 10736-10746. A. 6. [211

Baudoin (Jean). — Voy. Garcilaso de la Vega. — Le Commentaire royal, ou l'Histoire des Yncas, roys du Peru, traduit en français par J. B. *Paris,* 1633. — In-4o. — Ol. 774 et P. Angrand. 354. [212

— Ibid., 1650.

— *Amsterdam,* 1704. — 2 vol. in-12. Rés. Ol. 775.

— Ibid., 1737. — 2 vol. in-4o. — Ol. 775. A.

— *Paris*, 1830. — 3 vol. in-8°. — Ol. 775. B.

—— Voy. Garcilaso de la Vega. Histoire des guerres civiles des Espagnols dans les Indes, trad. en fr. par J. B. *Paris*, 1650. — 2 vol. in-4°. — Rés. Ol. 509. [213

— *Amsterdam*, 1706. — 2 tomes en 4 vol. in-12. — Ol. 509. B.

— *Paris*, 1758. — 2 vol. in-4°. — Ol. 509. A.

— Ibid., 1830. — 4 vol. in-8°. — Ol. 509. C.

Baumgarten (Johannes) Dr. — Amerika. Eine ethnographische Rundreise durch den Kontinent und die Antillen. *Stuttgart*, Rieger, 1882. — In-8°, VIII-456 p. — P. 701. [214

Peruanische Gebræuche und Sitten, p. 40 et suiv.

Baxley (H. Willis). — What I saw on the West Coast of South and North America and at the Hawaiian Islands. *New-York*, 1865. — In-8°. [215

Baye (Baron Joseph de). — Congrès international des Américanistes. Cinquième session. Copenhague. *Tours*, impr. de P. Bousrez, 1883.— In-8°, 50 p. — P. 639. [216

— Congrès international des Américanistes. Sixième session. Turin. *Châlons-sur-Marne*, impr. de Martin frères, oct. 1886. — In-8°, 48 p. — P. 639. [217

Bayer (Le P. Wolfgang) de la Cie de Jésus. — Reize naar Peru van 1749 tot 1770, door P. W. B. (Voyage au Pérou de 1749 à 1770, par...). *Amsterdam*, W. Holtrop, 1782. — In-8°, VI-204 p. — Ol. 879. [218

Beauchamp (Alphonse **de**). — Histoire de la conquête et des révolutions du Pérou (Portraits de Pizarre, Manco Inca...). *Paris,* Lenormant, 1808. — 2 vol. in-8° et planches. — Ol. 796. [219

— Id. *Paris,* 1835. — 2 vol. in-8°.

Beauvois (Eugène). — Des âges de pierre et de bronze dans l'ancien et le nouveau monde. Comparaisons archéologico-ethnographiques, par J.-J.-A. Worsaae. Traduit du danois par E. B. *Copenhague,* Thiele, 1881. — In-8°, paginé 131-244. [220

Extrait des *Mémoires des Antiquaires du Nord* pour 1880.

Sur le Pérou, voy. p. 169, 185-6, 210, 235.

— Le Cheval en Amérique avant l'arrivée des Espagnols. *Leide,* E. J. Brill, 1896. — In-4°, paginé 35-40. — P. 1071. [221

— Les Blancs précolombiens figurés et décrits dans les plus anciens documents du Mexique et de l'Amérique Centrale. *Louvain,* impr. de Polleunis et Ceuterick, 1899. — In-8°, paginé 83-110. — Pd. 753. [222

Extrait de la *Revue des questions scientifiques,* 2e série, t. XVI. Juillet 1899.

Beitræge zur Ethnographie von Amerika, aus dem Internationalen Archiv für Ethnographie. Herausgegeben bei Gelegenheit des VIIten Internationalen Americanisten-Congresses zu Berlin. *Leiden,* 1888. *Leipzig,* C. F. Winter, 1 Helft. — In-4°. [223

Beldran (P.). — Diario del viage hecho el año

1834 para reconocer los rios Ucayali y Pachitea. *Arequipa*, 1840. — In-4°. [224

Bellecombe (A. **de**). — De l'importance et de la classification méthodique des études américaines. [225

Dans la *Revue Orientale et Américaine*, 2e série, t. II, p. 7. — *Bulletin de la Société d'Ethnographie*, t. IV, p. 7.

Bellesort (André). — Notes de voyages au Pérou et en Bolivie. — I. Les salpêtres d'Iquique. *Revue des Deux Mondes*, 15 octobre 1896. — II. Antofagasta. Ibid., 15 nov. 1896. — III. Pulacayo, Huanchaca. Ibid.. 15 décembre 1896. [226

Bellin, ingénieur de la marine. — Amérique méridionale. Atlas maritime. Recueil de cartes et plans de l'Amérique méridionale et ses détails. *Paris*, 1764. 1 vol. gd. in-4° de 89 pl. [227

Benedetto. — Libro di Benedetto. -- Venezia, 1534. [228

Contient une version italienne de la lettre de Francisco Pizarre annonçant la capture de Atahuallpa.

Benoist (J.-H.). — Questions sur les origines et les antiquités américaines. [229

Dans la *Revue Orientale et Américaine*, 2e série, t. II, p. 348. — *Actes* et *Bulletin de la Société d'Ethnographie*, t. IV, p. 348.

Benzoni (Girolamo). — La Historia del Mondo Nuovo, laqual tratta dell' isole e mari nuovamente ritrovati e delle nuove città da lui proprio vedute, per acqua e per terra in quatuordeci anni. (Gravures sur bois). *Venetia,* appresso F. Rampazeto, 1565. — In-8°, 175 ff. et pl. — P. 335. [230

— La Historia del Mondo Nuovo... nuovamente ristampata ed illustrata con la giunta d' alcune cose notabile dell' isole di Canaria. In *Venetia*, ad instantia di P. et F. Tini, 1572. — In-8°, 179 ff., portr. et fig. — P. 335, A. et P. Angrand. 662. [231

— Novæ Novi Orbis Historiæ, id est Rerum ab Hispanis in India Occidentali hactenus gestarum et acerbo illorum in eas gentes dominatu, libri tres, Urbani Calvetonis opera industriaque ex italicis Hieronymi Benzonis... commentariis descripti, latini facti...ac notis illustrati. His ab eodem adjuncta est de Gallorum in Floridam expeditione et insigni in eos sævitiæ exemplo brevis historia. (*Lugduni*), ap. E. Vignon, 1578. — In-8°, 480 p., pl. — Ol. 497. [232

— Ibid. (*Genevæ*). — 1578. — In-12.

D'après Georges A. Dorsey, *A Bibliography of the Anthropology of Peru*, p. 71.

— (*Lugduni*), ap. E. Vignon, 1581. — In-8°, 480 p. — Ol. 497. A (1).

— (*Lugduni*), ap. heredes E. Vignon, 1610. — In-8°, 480 p. — Ol. 497. B.

— Novæ novi orbis historiæ primum ab Hieronymo Benzone Italico sermone conscriptæ, nunc in latinum translatæ (ab Urbano Calvetone). *(Geneva)*, 1578. — In-8°. [233

— Novæ Novi Orbis historiæ... libri tres. *Geneva*, 1600. — In-8°.

— Historiæ Indiæ Occidentalis, tomis duobus comprehensa... *Geneva*, 1586 (3e édit.). — 2 vol. in-8°.

— Historia Indiæ Occidentalis... Hieronymo Benzone Italo et Joanne Lerio Burgundo, testibus oculatis, authoribus... in latinum sermonem Urbani Calvetonis et G. M. studio conversi. *Genevæ*, 1586. — In-12. [234

Réimpression, sous un nouveau titre, de la seconde édition (1581).

— Autre édit. — 1590.

—— Americæ pars quarta, sive Insignis et admiranda historia de reperta primum Occidentali India a Christophoro Columbo anno 1492, scripta ab Hieronymo Benzone ...(latine versa ab U. Calvetone). Omnia elegantibus figuris in æs incisis expressa a Theodoro de Bry... *Francofurti ad Mœnum*, typis J. Feyrabend, impensis T. de Bry, 1594. — In-fol. pl. — Rés. G. 372 (1) et 380. [235

Collection des Grands Voyages de De Bry.

— Ibid., 1594, 2e édition. — In-fol. — Rés. G. 396 et 404 (1).

— Ibid., *Geneva*, 1598.

—— Americæ pars quinta... H. B... Secundæ sectionis historia Hispanorum (germanice)... — Folgen hernachher eigentliche und wahrhaftige Fürbildungen aller schœner unerhœrter Historien von der Spanier Wüten beid wider ihre Knechte die Nigritten und auch die arme Indianer... Alles an Tag geben durch Johann Dieterich de Bry. *Francfurt am Mayn*, gedruckt durch E. Kempffer, 1613, in-fol., pl. — Rés. G. 429(2). [236

(Collection des Grands Voyages de De Bry).

— Americæ pars sexta, sive Historiæ ab H. B. scriptæ sectio tertia (latine versa ab U. Calvetone)... In hac reperies qua ratione Hispani opulentissimas illas Peruani regni provincias occuparint... deinde orta inter ipsos Hispanos in eo regno civilia bella... Omnia elegantibus figuris in æs incisis expressa a Theodoro de Bry. *Francofurti ad Mœnum*, formis T. Bry, 1596, in-fol., pl. — Rés. G. 373(1) et 382. [237

(Collection des Grands Voyages de De Bry).

—— Id., 1596. 2e édition. — In-fol., pl. — Rés. G. 398 et 404 (3).

—— Novæ novi orbis historiæ.., libri tres. (*Geneva*), 1600. — In-8o. [238

—— Recentes Novi Orbis Historiæ, hoc est : ...IV. Rerum ab Hispanis in India Occidentali hactenus gestarum libri tres (anctore Hieronymo Benzone)... *Coloniæ Allobrogum*, apud P. de la Roviere, 1612. — In-8o, 51-480 p., pl. et cartes. — P. 338 et Rés. P. 338. [239

—— Novæ Novi Orbis Historiæ primum ab A. H. italico sermone conscriptæ, nunc in latinum translatæ liber primus (— tertius). *(Geneva)*, 1612. In-8o [240

— Autre édit. *Hamburgh*, 1648.

— Histoire nouvelle du Nouveau-Monde, contenant en

somme ce que les Espagnols ont fait jusqu'à présent aux Indes Occidentales, et le rude traitement qu'ils font à ces peuples-là. Extraite de l'italien de M. H. B., Milanais, qui a voyagé quatorze ans en ces pays-là et enrichie de plusieurs discours et choses dignes de mémoire. par M. Urbain Chauveton. *Lyon,* E. Vignon, 1597. — In-8°, 726-104 p. — P. 336. [241

— Id., (*Genève*), 1597. — In-8°.

— Id., 1589. — In-8°.

—— Der Neuern Weldt und Indianischen Kœnigsreichs neue und wahrhafte Historie... aus dem latein in das teutsch gebracht durch N. Hœniger... *Basel,* 1579. — In-fol. [242

— Id., *Basel,* 1582-1583. — In-fol.

Voy., APOLLONIUS (Levinus). — De Peruviæ regionis... *Basle,* 1582.

—— Neuere und gründliche Historien von dem Nidergængischen Indien... in das teutsch gebracht durch N. Hœniger. 1594. — In-fol. [243

—— Novæ Novi Orbis Historiæ, das ist Aller Geschichten, so in der Neuen Welt... wahrhafter gründlicher Bericht. Dessgleichen... durch Abeln Scherdigern... in deutsch gebracht, anno 1589. *Helmstadt,* 1591. — In-4°. [244

—— Das vierte Buch von der Neuen Welt, oder Neue und gründliche Historien von dem Nidergængischen Indien... durch H. B... beschrieben... Alles mit schœnen Kupferstücken... an Tag geben durch Dieterich von Bry...

(in Teutsch gebracht durch Nicolaum Hœniger). *Franckfurt am Mayn,* gedruckt bey M. Beckers sel. Wittib, in Verlegung J. T. de Bry, 1613. — In-fol., pl. — Rés. G. 429 (1). [245

Collection des Grands Voyages de De Bry.

—— Historia de referta primum Occidentali India a C. C. — 1615. — In-fol. [246

Voy. DE BRY. America. Pars IV. 2e édit. allem. Americæ pars quarta.

—— Das sechste Theil Americæ, oder der Historien H. B... das dritte Buch. Darinnen erzæhlt wird wie die Spanier die goldreiche Landschaften des Peruanischen Kœnigsreichs eingenommen... Alles mit schœnen Kupferstücken vorgebildet und an Tag geben durch Dieterich von Bry... *Oppenheim,* in Vorlegung J. T. de Bry, gedruckt bey H. Gallem, 1618. — In-fol., pl. — Rés. G. 429 (3). [247

Collection des Grands Voyages de De Bry.

—— Neue Welt. — 1631. — In-fol. [248

Voy. DE BRY. America. Pars XIX.

—— De historie van den nieuwe weerelt, te weten de beschryvinghe von West-Indien... (Histoire du Nouveau-Monde, avec la description des Indes Occidentales). *Haarlem,* 1610. — In-8° [249

— Id. Beschrivinghe van West-Indien... (Description des Indes Occidentales). *Amsterdam,* 1663. [250

Voyages aux Indes Occidentales. 1re Partie.

—— Scheeps-Togt na West-Indien, van H. B... in het jaar 1541... Nu alder eerst uyt het Italiaans vertaald....

(Voyage par mer aux Indes Occidentales, par H. B., en l'année 1541... Traduit pour la première fois de l'italien...) *Leiden*, P. van der Aa, 1706. — In-8°, II-22 p. [251

— Id., 1707. — Voy. P. VAN DER AA. Naaukerige versameling der gedenkwaardigste Zee en Land Reysen... Vol. XIV, 5.

— Id., 1727. — In-fol. — Voy. P. van der Aa. De Aanverkruswaardigste... Partie VII.

—— Brief extracts translated out of. J. B.'s three books of the New-World, touching the Spaniards cruel handling of the Indians and the effects thereof. *London*, 1625. — In-fol. [252

Voy. PURCHAS. Pilgrim. Part. IV.

—— History of the New World, by G. B..., showing his travels in America, from A. D. 1541 to 1546,... now first translated and edited by rear-admiral W. H. Smyth... *London*, printed for the Hakluyt Society, 1857. — In-8°, IV-280 p., fig. (Facsimiles of old wood cuts). — Rés. G. 2702. [253

(Works issued by the Hakluyt Society).

G. B., Italien, né vers 1519. Voyagea dans l'Amérique espagnole (1541-1556).

Ber (Théodor), de Lima. — Les Indiens du Pérou. *Paris* et *Nancy*, 1875. — In-8°. [254

Compte-rendu du Congrès des Américanistes de Nancy (1875), vol. I, p. 449-462.

— Populations préhistoriques d'Ancon (Pérou). *Paris*, E. Leroux. — 1875. — In-8°, paginé 55-68. [255

— Recherches ethnographiques sur la Bolivie et l'ancien Pérou. [256

Compte-rendu du Congrès international des Sciences ethnographiques (1878), p. 688-697 (avec la discussion).

— Les ruines de Tiahuanaco. [257

Bulletin de l'Institution ethnographique, n°s 49 (25 nov. 1882) et 50 (25 déc. 1882). Année 1882, p. 129-134 et 145-149.

— Ruines de Tiahuanaco. [258

Compte-rendu du Congrès international des Américanistes, VIIIe session. *Paris* (1890), p. 533-534. — P. 639.

Berewout (Joannes Leonard). — Novus Orbis vel Navigationes primæ in Americam. *Rotterodami,* anno 1616. [259

Berg (A.). — Physiognomy of tropical vegetation in South America. A series of views illustrating the primeval forests on the river Magdalena and in the Andes of New Granada, with a fragment of a letter from Baron Humboldt. With 14 truly artistic lithographie plates in tivotints. *London*, 1854. — Imperial folio, 33 feuilles. [260

Titre, description et index en trois langues.

Bergeron (Pierre). — *Éd.* Le Blanc (Vincent). Les Voyages fameux... *Paris,* 1648. — In-4°. — G. 6257. [261

— Id., *Paris,* 1649. — In-4°. — G. 6258.

— Id., *Troyes* et *Paris,* 1658. — In-4°. — G. 6259.

Berghaus (Dr. Heinrich Carl Wilhelm). — Grundriss der Geographie... (avec figures et cartes). *Breslau*, Grass und Barth, 1843. — In-8o. XII-1184-124 p., fig. et cartes. — G. 19512. [262

— Die Vœlker des Erdballs nach ihrer Abstammung und Verwandschaft, und ihren Eigenthumlichkeiten in Regierungsform, Religion, Sitte und Tracht. *Brüssel* und *Leipzig*, C. Muquardt, 1845-1847. — 2 vol. in-8o. — G. 5365-5366. [263

— Physikalischer Atlas. *Gotha*, 1845-1848. — 2 vol. in-fol. [264

— Die Baudenkmæler aller Vœlker der Erde... (d'après la 2e édition de E. Brinton, Monuments de tous les peuples), édité par H. B. 1848. — In-8o. [265

— Grundlinien der Ethnographie. *Stuttgart*, 1850. — In-8o. [266

— *Ed.* Chart of part of the coast of Perú (1829), publiée chez H. B. [267

Bergmann (F.-G.). — Les Amazones dans l'histoire et dans la fable. *Colmar*, Vve Deker, 1853. — In-8o, 30 p. — Inv. J. 25 272. (Voy. p. 30). [268

Bermondy (Théophile). — Affinités des langues océaniennes et américaines. [269

Actes de la Société d'Ethnographie, nouv. série, t. 1er (t. VIII de la collection), p. 109-113.

Berquem (Robert de). — Les merveilles des Indes Orientales et Occidentales ou Nouveau traité des pierres précieuses et des perles, etc... *Paris*, C. Lambin, 1669. — In-4°. [270

Bersabita (F.). — Voy. CASTELLANI. — Historia e brevissima relazione (de Las Casas). *Venetia*, 1626. — In-4°. [271

Bertonio (El P. Ludovico). — Arte breve de la lengua Aymara para introduccion del arte grande de la misma lengua. *Roma*, 1603. — In-8°. [272

—— Arte y Grammatica muy copiosa de la lengua Aymarà compuesta por el P. L. B. Romano de la Compañia de Jesus en la Provincia del Piru, de la India Occidental. En *Roma*, por Luis Zanetti. — Año de 1603. [273

— Id. *Roma*, 1603. — In-8°.

— Id. *Roma*, 1608.

— Id. (avec phrases, conversations). *Chucuyto*, 1612. — In-8°. — Rés. X. 2145.

— Arte de la lengua Aymara. Publicada de nuevo por Julio Platzmann. Edicion fac-similaria. *Leipzig*, Teubner, 1879. — In-8°, 349 p. [274

Reproduction en fac-simile de la rarissime édition de Rome 1603.

—— Vocabulario de la lengua Aimarà compuesta por el P. L. B. Italiano de la Compañia de Jesus en la Provincia del Piru de las Indias Occidentales, Natural de la Roca, contrada de la Marca de Ancòna. — Impreso en casa de la Compañia de Jesus de Juli, pueblo de la Provincia de *Chucuito* por Francisco del Canto, 1612. — 2 parties en 1 vol. in-4°. [275

— Vocabulario de la lengua Aymara, publicado de nuevo por Julio Platzmann. *Leipzig,* Teubner, 1879. — 2 vol. in-8o. [276

Parte I, 474 p. à 2 col.

Parte II, 379 p. à 2 col.

Réimpression en fac-simile faite avec soin.

— Confesionario muy copiosa en dos lenguas, Aymara y Española, con una instruccion acerca de los siete sacramentos de la Santa Iglesia. *Chucuyto,* 1612. — In-8o. [277

— Libro de la vida y milagros de Nuestro Señor Jesu Cristo en dos lenguas, Aymara y Romana. *Chucuyto,* 1612. [278

— Historia de los cuatro Evangelios en lengua Aymara, con varias refleciones. Sacada de un libro antiguo que habra 160 años dió á luz el P. L. B. Por el P. Francisco Mercier y Guzman, 1760. — In-8o. [279

L. B., jésuite italien, né près d'Ancône vers 1551. Se rendit au Pérou en 1581. Habita longtemps Juli, près du lac Titicaca, où il étudia l'Aymara. Mourut à Lima, en 1625, à l'âge de 73 ans.

Bertrand (Alejandro). — Memoria sobre las Cordilleras del Desierto de Atacama y regiones limitrofes... por A. B. (cartes et illustrations). *Santiago,* 1885. — In-4o. [280

Bertuch (von F. J.). — Voy. Skinner (Joseph). — Peru nach seinem gegenwærtigen Zustande. *Weimar,* 1808. — In-8o. [281

Vol. I. Traduct. de « Present State of Peru » de Joseph Skinner.

Vol. II. Traduit du « Mercurio Peruano ».

Betagh (William). — Voyage around the World, begun in the year 1719. *London*, 1728. — In-8°. [282

Contient « Account of Peru ».

Voy. J. HARRIS D. D. Navigantium... etc. (Collection of Voyages and Travels), t. I. — Observations on the country of Peru and its inhabitants during his captivity. *London*, 1744. — In-fol. [283

— Id. *London*, 1813. — In-4°. — Voy. PINKERTON. Voyages and Travels, vol. XIV, p. 1-29.

Betanzos (Juan José **de**). — Historia (Suma y Narracion) de los Yngas... [284

MSC. de la Bibliothèque de Saint-Laurent de l'Escorial. Lj. 5. fol. 198.

— Suma y narracion de los Ingas que los Indios llamaron Capaccuna, que fueron señores de la Ciudad del Cuzco y de todo lo á ello subjeto, que fueron mil leguas de tierras, las quales eran desde el rio de Maule, que es adelante de Chile, hasta de aquella parte de la Ciudad de Quito..., en la qual Suma se contienen las vidas y hechos de los Ingas Capaccuna pasados. Agora nuevamente traducido e recopilado de lengua india de los naturales del Pirú, por J. de B., vecino de la gran ciudad del Cuzco, la qual Suma y Ystoria va dividida en dos partes. Escrita por J. de B. y publicada por Marcos Jimenez de la Espada. [285

Biblioteca Hispano-Ultramarina, *Madrid*, 1880. — Pet.

in-4o, vol. V, 2, xxiv-140 p. — 8o Z. 720 (5). — Voy. Cieza de Leon (Pedro de). — La segunda Parte de la Crónica del Peru, ibid., V, 1.

Juan de B., qui alla au Pérou avec François Pizarre, paraît avoir été un peu plus âgé que Cieza de Leon. Il habita Cuzco. Son ouvrage sur les Incas fut écrit en 1551 ou 1552. Il se compose de 18 chapitres, et est malheureusement incomplet. Les premiers chapitres s'occupent de la religion et des légendes ou traditions religieuses des anciennes populations péruviennes. — Voy. *Tres Relaciones de Antigüedades Peruanas,* Introduccion por D. M. Jimenez de la Espada, p. XII-XIII, et *Suma y narracion...,* Bibl. hisp.-ultram., v, 2, Introd. par le même.

Bethune (C. R. Drinkwater), Captain. — Voy. HAWKINS (Sir Richard). — Observations on his Voyage in to the South Sea... Edit. by the Capt. C. R. D. B. *London,* printed for the Hakluyt Society, 1847. — In-8o, xvi-246 p. [286

Pérou. Sect. XLIII, p. 152 et suiv.

BIBLIOTHECA AMERICANA. Collection d'ouvrages inédits ou rares sur l'Amérique. *Paris,* 1862-1864. — 3 vol. in-8o. [287

BIBLIOTECA DE LOS AMERICANISTAS. *Madrid,* s. d. In-8o. — P. Angrand. 669. [288

BIBLIOTECA DE AUTORES ESPAÑOLES. *Madrid,* 1847-1850. — Voy. CASTELLANOS, Cieza de Leon (P.), Oviedo y Valdes (Fernandez de). [289

BIBLIOTECA BOLIVIANA. Catalogo del Archivo de Mojos y Chiquitos. *Santiago de Chile,* 1888. — In-8o. [290

Bibliotheca Boliviana. IV. La lengua de Adan y el hombre de Tiahuanaco. Resúmen de otras obras por el Doctor Villamil de Rada. Con una introduccion del Doctor Nicolàs Acosta. (Voy. ces noms). *La Paz*, 1888. — In-8o. [291

Biblioteca colombina. — Early Voyage to Peruvian coast. Italian trad. 1521. [292

Biblioteca hispano-ultramarina. *Madrid*, M. G. Hernandez, 1876-1880. — 5 vol. gr. in-8o. — 8o Z. 720. [293

Vol. I. Zaragoza (J.). — Historia del descubrimiento de las regiones Austriales hecho por el general Pedro Fernandez de Quirós. Tomo Io. *Madrid*, 1876.

Vol. II. Cieza de Leon (Pedro de). — Tercero libro de las guerras civiles del Peru, el cual se llama la guerra de Quito (1543-1547), y publicado por M. Jimenez de la Espada. Tomo Io. *Madrid*, 1877.

Vol. IV. Zaragoza (J.). — Historia del descubrimiento de las regionas Austriales, hecho por P. F. de Quirós. Tomo II. *Madrid*, 1880.

Vol. V. Cieza de Leon (Pedro de), Betanzos (Juan de). — Segunda Parte de la Cronïca del Perú, que trata del Señorio de los Incas Yupanquis y de sus grandes hechos y gubernacion, seguida de la Suma y Narracion de los Incas que los Indios llamaron Capaccuna por J. de B. Las publica M. Jimenez de la Espada. *Madrid*, 1880. — xxii-432 p.; x-279 p.; x-140 p.

Biblioteca peruana. Apuntes para un catalogo de impresos. — *Santiago de Chile*, 1896. — 2 tomos, 4 entregas gr. in-8°, 550, 618 p. [294

BIBLIOTECA PERUVIANA. — *London*, 1873. — Voy. SOLDAN (M. P. et M. F.).

BIBLIOTHECA AMERICANA VETUSTISSIMA. — Voy. HARRISSE (G.).

BIBLIOTHÈQUE LINGUISTIQUE AMÉRICAINE. — *Paris*, Maisonneuve et Cie, 1871-1903. 25 vol. gr. in-8°. — 8° X. 643. [295

Tome IV. Ollantaï, drame en vers Quechuas du temps des Incas. Texte original écrit avec les caractères d'un alphabet phonétique spécial pour la langue Quechua, précédé d'une étude du drame au point de vue de l'histoire de la langue, suivi d'un Appendice en deux parties et d'un Vocabulaire de tous les mots contenus dans le drame. Traduit et commenté par G. Pacheco Zegarra (Voy. ce nom). *Paris*, 1878. — In-8°, CLXXIV-272 p.

Tome V. Gramática, catecismo i vocabulario de la lengua Goajira, par R. Celedon, con una introduccion i un appendice, por E. Uricoechea (Voy. ces noms). *Paris*, 1878. — In-8°, LII-179 p., avec une carte de la province de Goajira (Nouvelle-Grenade).

Tome VI. Arte y vocabulario de la lengua Chiquita sacados de manuscritos del siglo XVIII° por L. Adam y V. Henry. (Voy. ces noms). *Paris*, 1880. — In-8°, XVI-136 p.

Tome VII. Arte de la lengua de los Indios Baures de la provincia de los Moxos, conforme al manuscrito original del P. Antonio Magio, de la Cia de Jesus por L. Adam y

Ch. Leclerc. (Voy. ces noms). *Paris*, 1880. — In-8°, III-118 p.

Reproduction d'un ms. appartenant à la Bibliothèque Nationale (Fonds améric., n° 24). Les éditeurs ont reproduit aussi le ms. d'un autre missionnaire et un petit vocabulaire baure-français rédigé par le savant Alcide d'Orbigny, le tout formant un seul ms.

Voy. aussi Adam (L.), Henri (V.), Leclerc (Ch.).

Bibliothèque Américaine. — Collection d'un amateur de livres anciens et modernes, histoire naturelle, linguistique. 927 n^os^. *Paris*, Tross, 1873. — In-8°, VIII-116 p. [296

Bibra (E. von). — Aus Chili, Peru und Brasilien. *Leipzig*, 1862. — 3 Bde. [297

Biondo (Michaele Angelo). — De ventis et navigatione, libellus auctore M. A. Blondo, in quo navigationis utilissima continetur doctrina cum Pixide nova, et diligenti examine ventorum et tempestarum. Cum accuratissima descriptione distantiæ locorum interni maris et Oceani, a Gadibus ad novum orbem, utique valde necessaria, nam servantes doctrinam hanc quum citius tum securius utrumque mare transfretabunt. *Venitiis*, apud Cominum de Tridino, 1546. — In-4°, 18 feuillets. [298

Traité fort rare relatif à la découverte du Nouveau-Monde. Brunet, *Manuel du libraire et de l'amateur des livres*, Supplément, t. I, p. 134, cite ce livre, annoncé par le Catalogue Libri (1859), n° 341, comme « un des livres les plus rares sur l'Amérique », sous la date de 1544. Pinelo cite effectivement une édition de cette année, et d'autres de 1546 et 1648 (1548 ?).

Birkedal (Holger). — Peru, Bolivia and Chile. *San Francisco*, 1883-1884. — In-8°. [299

Overland Monthly, n. ser. *San Francisco*, 1883-1886. — 8 vol. in-8°. III, 527-36; IV, 76, 177, 319, 411.

— Chile, Bolivia, Peru. *San Francisco*, 1883. — In-8°. [300

Overland Monthly, vol. III, s. s., p. 627-636.

— Peru, Bolivia and Chile. *San Francisco*, 1884. — In-8°. [301

Overland Monthly, vol. IV, s. s., p. 76, 177, 319, 411.

Bisselius (Joannes), e Societate Jesu. — Argonauticon Americanum, sive historia periculorum Petri de Victoria ac sociorum ejus, libri IV. *Monachii*, 1647. — In-12. [302

— Argonauticon Americanorum, sive historiæ periculorum Petri de Victoria libri XV. *Gedani*, apud Ægidium Janssonii a Waesberge, 1698. — Pet. in-12, 405 p. et une carte. [303

Antonio (voy. n° 97) dit de l'auteur : « Hoc opusculum ipse in latinum vertit, sed non edidit, lucem propter elegantiam videre dignum ». Pinelo le cite comme imprimé. Cet ouvrage a longtemps été considéré comme une traduction de la relation des voyages de Pedro Gouvea de la Victoria, qui se fit jésuite après avoir couru les plus grands dangers. Cette relation de P. Pedro de Gouvea était intitulée : *Su naufragio y peregrinacion en la costa del Piru.* Harrisse, *Additions*, donne, sous la date de 1510 et d'après Navarette (voy. ce nom), le titre de cet ouvrage. Si cette date était exacte, il faudrait considérer ce voyageur comme ayant visité Panama et le Pérou avant Nuñez de Balboa et Pizarre. H. Stevens, *Bibliotheca geographica*, classe cet ouvrage dans la série des romans géographiques, au même rang que les aventures de Sindbâd le marin et celles de Robinson Crusoé. Ch. Leclerc, *Bibliotheca Americana*, n° 67.

Blaen (W.). — Voy. Cartes, Pérou. — Peru. *Amsterdam*, 16...

Blake (Charles-Carter). — On the cranial characters of the Peruvian races of man. *London*, 1862. — In-8o. [304

Transactions of Ethnological Society, n. ser., vol. II.

Voy. aussi *Journal of the Anthropological Institute of Great Britain and Ireland. London*, 1883. — In-8o, vol. II, p. 217-231.

Blake (John H.). — Notes on a collection from the ancient cemetery at the bay of Chacta, Peru. *Cambridge*, 1878. — In-8o. [305

Report Peabody Museum, 1878, p. 277-305.

Blanchardière (Abbé Courte **de la**). — Nouveau Voyage fait au Pérou en 1745-1749). *Paris*, 1751. — In-16. Illustr. [306

Blanco (Fed.). — Apuntes para la historia de Bolivia. *Cochabamba*, imprenta del Siglo, 1873. — In-4o, 71 p. [307

Blanco (Fray Matias Ruiz), Franciscano. — Conversion del Piritu de los Indios Cumanagotos y otros. *Madrid,* 1698. — In-12. [308

— Introduccion de la Conversion del Piritu. Trata de la tierra, provincia y moradores. *Madrid,* 1690. — In-8°. [309

Blas Valera (El Padre). — Religion, Langue, Institutions et Chronologie des Incas. — Fragments conservé dans Goricloso de la Vega (voy. ce nom). *Commentario reales.* Deux fragments de poésie incasique et Maximes de souverains Incas. [310

Blas Valera, fils d'un des conquérants espagnols et d'une femme inca, naquit à Chachapoyas, en 1551, Il put se procurer, comme missionnaire jésuite, de nombreuses informations de première main sur l'histoire et les institutions des peuples indigènes. A écrit en latin. Son ms., transporté en Espagne, fut en grande partie brûlé lors de la prise de Cadix par les Anglais en 1596. Garcilaso de la Vega, qui en sauva ce qui restait, en fit usage pour ses Commentaires.

Blocius (Johannes). — Historiæ per saturam ex Novi Orbis scriptoribus. Excerpta memorabilia continens, quæ tum in vita communi familiariter desquirentibus, tum omnium ordinum litteratis non minus usui quam oblectamento esse possint. *Rostochi,* typis Joachimi Pedam, 1627. — Pet. in-12, 117 p. [311

Petit ouvrage très peu connu, renfermant une description très abrégée de l'Amérique d'après Benzoni, Colomb, Gomara, Jacob le Moyne, L. Hulsius, Lery, Th. Candish, Americ Vespuce, V. Pinzon et Raleigh. Ch. Leclerc, *Bibl. Améric.*, n° 68,

Blondel (S.). — Recherches sur les bijoux des peuples primitifs. Temps préhistoriques. Sauvages, Mexicains et Péruviens. *Paris*, E. Leroux, 1876. — In-8o. — P. Angrand. 670. [312

Blood (Rev. W.). — A Mission to the Indians of Orialla, South America (Portraits et planches). *London* (1853). — In-8o. [313

Bocanegra (El Bach. Juan Perez). — Ritual, Formulario e Institucion de Curas, para administrar á los naturales de este reyno los Santos Sacramentos... con advertencias muy necesarias (en espagnol et en quichua). *Lima*, 1631. — In-4o. — P. Angrand, 405. [314

Boemo (Giovanni). — Gli costumi, le leggi e l'usanze di tutte le genti... tradutti per Lucio Fanno.., Aggiuntovi di nuovo gli costumi e l'usanze dell' Indie occidentali, overo Mondo Nuovo, da P. Gironimo Giglio. *Venetia,* appresso P. Gironimo Giglio, 1558. — In-8o. 236 feuillets. [315

La partie de l'ouvrage relative à l'Amérique est divisée en 40 chapitres et occupe les feuillets 189 à la fin.

— Id., *Venetia,* G. Cornetti, 1585. — Pet. in-8o, 240 feuillets.

Le quatrième livre, relatif à l'Amérique occupe les feuillets 193 à la fin.

Boemus (Johannes). — Omnium gentium mores, leges et ritus, ex multis clarissimis rerum scriptoribus, a Joanne Boemo Aubano... nuper collecti et novissime recogniti... *Antverpiæ,* in ædibus Joan. Steelsii, 1542.— In-8o, 123 feuillets. [316

Ouvrage imprimé pour la première fois en 1520. Très souvent réimprimé et traduit en différentes langues.

BOLETIN DE LA SOCIEDAD GEOGRAFICA DE LIMA. — Años (tomos) I-XII, con mapas. *Lima,* 1891-1902. (Chaque année ou volume de 480 p.). [317

BOLETIN Y CATALOGO DEL ARCHIVIO NACIONAL. — Publicacion periodica eventual. Redactor : Ernesto O. Rück. — Tomo I (nos 1 à 21). *Sucre,* 1886-1888. — In-8o. [318

Bollaert (William). — Peruvian Drugs. *London,* 1831. — In-8o. [319

Mémoire lu à la Medico-Botanical Society de Londres en 1831. Cité par C. R. Markham, « Royal Commentaries », 1re partie, vol. I, p. 185, note (liste de drogues).

— The preincarial ruins of Tiahuanaco, in Bolivia, formerly Upper Peru. *London*, 1853. — In-8o ; illustr. [320

The Intellectual Observer, vol. III, p. 229-237.

— Observations on the History of the Incas and Indians of Peru. *London,* 1854. — In-8o, [321

Journal of the Ethnological Society, vol. III (1854), p. 132-164.

— Antiquarian, ethnological and other Researches in New Granada, Peru and Chile, with observations on the preincarial and other monuments of Peruvian Nations. *London,* Trübner and Co., 1860. — In-8o, 279 p. — P. Angrand. 671. [322

Contient en partie une traduction du *Compendio historico del descubrimiento... de la Nueva Granada*, par le colon. Joaq. Acosta. Voyez supra, n° 4.

— Expedition of Pedro de Ursua and Lope de Aguirre in search of el Dorado and Omagua, 1560-1561. *London*, Hakluyt Society, 1861. — In-8°, with maps. [323

— On the Idol Human Head of the Jíravos (Jibero, Jivira) Indians of Ecuador, from Antiquarian, ethnological and other Researches in New Granada, Ecuador, Peru and Chile... *London*, 1862. — In-8°. [324

Transactions of Ethnological Society, n° 3 (18 feb. 1862), n. ser., vol. II, p. 112, 115, 118.

— Aspects of nature in Southern Peru... [325

Intellectual Observer. London, 1862-1867. — 12 vol., vol. II, 331.

— Antonio Raimondi on the Indian tribes of the great district of Loreto in Northern Peru. (Traduit de l'espagnol par W. B.). *London*, 1863. — In-8°. [326

Anthropological Review, vol. I, p. 33-43.

— Observations on the past and present Population of the New World (12 may 1863). *London*. — In-8°. [327

Mémoires of the Anthropological Society, vol. I, p. 72-119.

— Ancient Peru. Pre-Incarial Ruins. [328

Intellectual Observer (*London*, 1862-1867, 12 vol.), III, 229.

— Introduction into the Palæography of America, or Observations on ancient picture and figurative writing in the New World; on the fictitious writing in North America;

on the Quipu of the Peruvians and Examination of spurious Quipus. (3 May 1864). *London.* — In-8o. [329

Memoirs of the Anthropological Society, vol. I, p. 169-194.

— Some account on the Astronomy of the Red Man of the New World, including... the Stone Lunar Calendars of the Chibchas of Bogota and probable use of the Gnomon there; the recently discovered Gold Calendar of the Peruvians and Telescope Tube; their Gnomons... (15 nov. 1864). *London.* — In-8o. [330

Memoirs of the Anthropological Society, vol. I. p. 210-280.

— Haunts of the Condor in Peru. [331

Intellectual Observer, I, 278.

— Naturalist's Notes in Peru. [332

Intellectual Observer, III, 151.

— W. B.'s Researches from 1823 to 1865, principally on South America subjects. *London,* 1865. — In-8o. [333

Liste de divers mémoires et articles de W. Bollaert.

— Contribution to an Introduction of the Anthropology of the New-World (7 april 1866). *London.* — In-8o. [334

Memoirs of the Anthropological Society, vol. II, p. 92-152. — *Anthropological Review,* vol. IV. — *Journal of the Anthropological Society,* vol. IV, p. CLXXI-CLXXV.

— On ancient peruvian Hieroglyphs, including the recently discovered figurated writing (17 april 1866). *London.* — In-8o. [335

The Anthopological Review, vol. III, p. 407.

— On the ancient and fossil pottery found on the shores of Ecuador. *London,* 1866. — In-8o. [336

Memoirs of the Anthropological Society, vol. III, p. 163-166.

— On ancient peruvian graphic Records. *S. l. n. d. London,* 1870. — In-8o. — P. Angrand. 674. [337

Extrait des *Memoirs of the Anthropological Society,* vol. III, p. 351-358.

— Sur les signes graphiques des anciens Péruviens (traduit de l'anglais par A. Lesouëf). *Paris,* 1874. — In-8o. [338

Extrait des *Archives de la Société Américaine de France,* nouv. série, vol. I.

Bonelli (L. Hugh DE). — Travels in Bolivia, with a Tour across the Pampas to Buenos Ayres... *London,* 1854. — 2 vol. in-8o. [339

Bonnycastle (Richard-Henry). — Spanish America, or a descriptive, historical and geological Account of the Dominions of Spain in the Western Hemisphere, continental and insular. *London,* 1818. — 2 vol. in-8o. [340

Pèru, t. II, p. 75-155.

Bonpland (Aimé). — Voy. HUMBOLDT (F. H. A. von). — Voyages aux régions équatoriales du Nouveau-Continent, 1799-1804. *Paris,* 1805-1834. — 14 vol. in-4o et in-fol. [341

Plantes équinoxiales, rédigé par A. B. *Paris,* 1809. — 2 vol. in-8o.

Bontius (J.). — De Indiæ utriusque re naturali et medica. *Amstelodami,* Elzevir, 1658. — In-fol. [342

Borsari (Ferdinando). — La Classification chronologique des monuments architectoniques de l'ancien Pérou. [343

Compte-rendu du Congrès international des Américanistes de Berlin (2 au 5 oct. 1888), VIIe session. *Berlin,* W. H. Kühl, 1890. — In-8°, p. 753 (cité).

— La litteratura degl' indigeni Americani. *Napoli,* 1888. — In-8°. [344

Botello de Moraes y Vasconcellos (Dom Francisco). — El Nuevo Mundo, poema heroico de D. F. de M. y V., con las Alegorias de D. Pedro de Castro. *Barcelona,* 1701. — Pet. in-4. [345

Botsford (M. W). — Peru. Land of the Incas. Publié dans le Manhattan. *New-York,* 1883-1884, 4 vol., I, 241. [346

Boucher de la Richarderie. — Bibliothèque universelle des voyages ou notice complète et raisonnée de tous les voyages anciens et modernes. *Paris,* 1808. — 6 vol. in-8°. [347

V[e] partie. Liste critique des voyages en Amérique.

Bouddhiques (Origines). Voy. Eichthal (G. d'). — Études sur les origines bouddhiques de la civilisation américaine. *Paris,* 1864. — In-8°.

Actes de la Société d'Ethnographie, V, 269.

Bouguer (Pierre). — Relation d'un voyage au Pérou. *Paris,* 1744. [348

Imprimé dans les *Mémoires de l'Académie des Sciences*, année 1744.

— An abridged relation of a voyage to Peru. *London*, 1813. — In-4o. [349

Voy. PINKERTON (John). Voyages and Travels. Vol. XIV, p. 270-310.

Bourke (J. G.). — Popular medicine, customs and superstitions of the Rio Grande, South America. 1844. — In-8o, 28 p. [350

Bowen (C. C.). — Visit to Peru. [351

Voy. DALTON (F.). Vacation Tourist, vol. I, 1860.

Bowen (F.). — Prescott's Conquest of Peru. [352

North American Review (Boston et *New-York*, 1815 et suiv.), LXV, 366.

Brackenridge (H. M.). — Voyage to South America performed by order of the American Government in the years 1817 and 1818 in the Frigate Congress. *London*, 1820. — 2 vol. in-8o. [353

Introduction, vol. I. — Le ch. 2 du second vol. est relatif en grande partie aux naturels du Pérou.

Bradford. — American Antiquities and researches. *New-York*, 1841. — In-8o. [354

Bran (F.-A. — *Éd.* ARCHIV (Ethnogrophisches). — Voy. ce mot.

Brand (Charles.), Lieut. R. N. — Journal of a voyage to Peru : a passage across the Cordillera of the Andes performed on foot in the snow and in the winter of 1827 and a journey across the Pampas. *London*, H. Colburn, 1828. — In-8°, pl. — Pn. 1. [355

Brand's Journey in Peru. [356

Monthly Review (London, 1817-1844, 82 vol.). 104.

Brandin. — De la influencia de los diferentes climas del universo sobre el hombre y en particular de la influencia de los climas de la America Meridional. *Lima*, 1826. — In-8°, 114 p. [357

Brasseur. — Entzifferung des incatekischen Hieroglyphen. [358

Ausland, 1872, n° 12.

Cet article paraît être une traduction d'un extrait de l'abbé Brasseur de Bourbourg. Note de la *Revue d'Anthropologie*, t. I, p. 183.

Brasseur de Bourbourg (l'abbé Charles). — Manuscrit Troano. Études sur le système graphique et la langue des Mayas. *Paris*, 1868. — 2 vol. in-4°. [359

Quipous, t. I, p. 18.

Braun (Georgius) et Hagenburg (Franz). — Civitates Orbis Terrarum. *Coloniæ Agrippinæ*, 1573. — In-fol. [360

— Ibid., 1582.

— Ibid., 1618 (Planches en couleurs).

Contient la carte ou plan de Cuzco.

Braunschweig. — Americanischer Denkmæler. — 5,80 feuil. [361

Bravo (C.). — La Patria Boliviana. Estado geografico. *La Paz*, 1894. — In-8°, 204 p. [362

— *Biblioteca Boliviana de geografia et historia*, v.

Brawern (Heinrich) und Herckmann (Helias). — Schiffahrt nach dem Kœnigreich Chili in Westindien verrichtet durch Herrn H. B. und Herrn H. H. in Jahr 1642 und 1643. *Francfort am Mayn*, C. Leblon, 1649. [363

Brehm (Reinhold Bernhard) Dr. med. — Das Inkareich. Beitræge zur Staats-und Sittengeschichte des Kaiserthums Tahuantin-suyu. Mit 1 Karte in Kromodruck und Holzschnitten. 2 Abtheil. *Jena*, Fr. Mauke's Verlag (A. Schenk), 1885. — In-8°, II-XXXI, 842 p. — Pn. 279. [364

— Das Inka-Reich. Beitræge... Nach den æltesten spanischen Quellen bearbeitet. 2 (Titel-) Ausgabe. *Jena*, Mauke, 1890. — Gr. in-8°, XXXI-842 p. [365

Brinton (Daniel Garrison), M. D. — Characteristics of American Languages. *S. l.* n. d. — In-8°. [366

— Myths and Myths-Makers. [367

— The Myths of the New-World. A Treatise on the symbolism and mythology of the Red Race of America. *New-York*, Leypoldt and Holt, and *London*, Trübner and Co., 1868. — Gr. in-12, VII-307 p. — P. Angrand. 701. [368

— Id., *New-York*, Henry Holt and Co., 1876 (2e édit. revue). — Gr. in-12, VIII-331 p. — P. 839.

Voy. l'Index (p. 303, 1re édit., et 325, 2e édit.), aux mots : Aymaras, Incas, Peru, Quichuas et autres.

—— The Religious sentiment, its source and aim. A Contribution to the Science and Philosophy of Religion. *New-York*, Henry Holt and Co., 1876. — In-12, VI-284 p. — 8o R. 8625. [369

Voy. p. 125.

— American Hero-Myths. A Study in the native religions of the Western Continent. *Philadelphia*, 1882. — In-8o, 251 p. [370

Chap. V. Qquichuas.

— Library of Aboriginal American Literature. *Philadelphia*, 1882 et suiv. — In-8o. — 8o Z. 10546. [371

No VII. Aboriginal American Anthology. Chiefly original material, furnished by various collaborators.

— Aboriginal American Authors and their productions, especially those in the native languages. A chapter in the History of Literature. *Philadelphia*, 1883. — In-8o. [372

— American Languages and why we should study them. *Philadelphia*, 1885. — In-8o. [373

— The Philosophic Grammar of American Languages. *Philadelphia*, 1886. — In-8°. [374

— Races and Peoples. Lectures on the Science of the Ethnography. *New-York*, 1890. — In-8°. [375

Qquichuas, p. 272-275.

Voy., pour le compte-rendu de cet ouvrage, le *Bulletin de la Société d'Ethnographie*, xv, 108.

— Essays of an Americanist. *Philadelphia*, Porter and Coates, 1890. — In-8°, xii-489 p. — P. 818. [376

Consulter notamment p. 26, 300, 397.

Voy., pour le compte-rendu, *Bulletin de la Société d'Ethnographie*, xv, 76.

I. Ethnologic and Archæologic.
II. Mythology and Folklore.
III. Graphic Systems and Literature.
V. Linguistic.

— The American Race : a linguistic classification and ethnographic description of the native tribes of North and South America. *New-York*, N. D. C. Hodges, 1891. — In-8°, xvi-392 p. — P. 837. [377

The Peruvian Religion, p. 202-228.

— Studies in South American native languages. From mss. and rare printed sources. *Philadelphia*, 1892. — In-8°. [378

— On various relations between American and Asian Races. — The present status of American linguistics. *S. l.*, 1893. — In-8°, paginé 145-151 et 335-338. — 8° G, Pièce 541. [379

Reprinted from *Memoirs of the International Congress of Anthropology*, Chicago.

Voy. notamment p. 150-151 et p. 336-337.

— Characteristics of American Languages. *S. l.*, 1894. — In-8°. — 8° X. Pièce. 1071. [380

— Nagualism. A study in native American Folklore and History. *Philadelphia*, 1894. — In-8°. — P. 904. [381

— The linguistic Cartography of the Chaco region. *Philadelphia*, printed by Mac Calla and Co., 1898. — In-8°, 30 p. et une carte. — 8° X. Pièce. 1348. [382

Read before the American Philosophical Society, Oct. 8, 1898. The Quechua Stock, p. 17-18.

Extrait du tome XXXVII des « Proceedings of the American philosophical Society ».

— Religions of the primitive Peoples. *New-York*, G. P. Putnam's sons, 1897. — In-8°, X-264 p. — 8° H. 6149. [383

American Lectures on the History of Religions. — 2nd séries, 1896-1897.

Voy., sur le Pérou, p. 24, 141, 142, 148, 190, 251.

— A Record of study in Aboriginal American Languages. *Media* (Pensylvania), printed for private distribution. — In-8°. — 8°X. Pièce. 1347. [384

— Amerikanische Urspache. — Voy. DORSEY et GASTCHET.

Briseno (Ramon). — Repertorio de antigüedades chilenas, o sea de los primeros pasos por Chile dados en las distintas sendas de su vida publica, desde que fué descubierto hasta que logró sacudir al jugo colonial. Con retrato del autor. *Santiago de Chile*, 1889. — In-fol., VIII-580 p. — Pp. 132. [385

BRITISH MUSEUM LIBRARY. — Index to Manuscripts. *London*, 1854-1875. [386

Voy. STEVENS (Henry). Catalogues of American books, maps, etc., in the B. M. L. *London*, 1859 et suiv.

Mss. espagnols sur l'Amérique en général et le Pérou en particulier, p. 31.

Briton (E.). — Monuments de tous les peuples, etc. — 1848. — In-8°. [387

Voy. BERGHAUS (Dr H.). — Die Baudenkmæler aller Vœlker der Erde..... nach dem zweiten Ausgabe von E. B.'s... Monuments... (1848). — In-8°.

Broé (de), seigneur de Citry et de la Guëtte. Voy. ZARATE (Augustin DE). — Histoire de la découverte et de la conquête du Pérou. Trad. par S. D. C. (de B. Sr de Citry). *Amsterdam* et *Paris*, 1700, etc. — In-8°. [388

Brown (John Carter). — Bibliotheca Americana. A Catalogue of books relating to North and South America in the library of J. C. B. of Providence, with notes by John Russell Barlett. *Providence* (Rhode-Island), 1865-1871. — 3 vol. in-8°. [389

Vol. I. 1493-1600 (XVe et XVIe s.). 79 p. 302 nos. 1865.

Vol. II. 1601-1700 (XVIIe s.), 180 p., 940 nos. 1866.

Vol. III. 1701-1800 (XVIIIe s.). 2 parties. 1870-1871.

— Ibid. 1875. Édition augmentée du 1er vol. 1493-1600.

— Ibid. 1882. Édition augmentée du second vol. 1601-1700.

Brown (Robert). — The Races of Mankind, being a popular description of the caracteristics, manners and varieties of the human family. *London*, 1873-1876. — 4 vol. in-4°. Illustr. [390

The Peruvians, vol. II, p. 313-320.

— The Peoples of the World. *London*, 1881. — 4 vol. in-8°. [391

Autre édition, sous un titre nouveau, de l'ouvrage précédent.

Brühl (Gustav). — Die Culturvœlker Alt-Americas. *Cincinnati*, 1887. — In-8°. [392

Brulius (Joachim), ord. eremitarum S. P. Augustini, etc. — Historiæ Peruanæ ordinis eremitarum S. P. Augustini libri octodecim. *S. l. (Antverpiæ ?)*, ap. Guilielmum Lesteenium, 1651. — In-fol., 260 p. [393

— Historiæ Peruanæ ordinis eremitarum S. P. Augustini novem libri postremi. *Antverpiæ*, ap. G. Lesteenium, 1652. — In-fol., 180 p. [394

Bruun (Malthe Conrad). — Voy. MALTE-BRUN. Annales des Voyages, etc. *Paris*, 1803-1815. — 25 vol. in-8°.

Bry (Theod. **de**). — Voy. De Bry (Theod. de).

Buache. — Carte du Pérou pour l'histoire des Incas. [395

Bueno (Cosme). — Descripcion de las Provincias del Reyno del Perú, por el cosmografo mayor del Virreynato, Don C. B. *Lima*, 1763. — In 8°. [396

— Coleccion de las descripciones de obispados i provincias publicadas en sus almanaques. *Lima*, 1786. — In-16. [397

Bureau of Ethnology (Washington). — Fourth Report of the B. of E. *Washington*, 1886. [398

Quipu, p. 99.

Burneister (H.). — Description physique de la République Argentine, traduit par E. Maupas et E. Daireaux. *Paris*, 1876-1886. — 4 vol. in-8°, un atlas de 54 pl. coloriées et noires in-4° et in-fol. [399

Burgholzhausen (Count Marschall von). — On ethnographical objects presented to Novara Museum, Vienna. *London*, 1864. — In-8°. [400

Anthropological Review, Journal of the Anthropological Society, vol. II, p. ccxxv. Mummy from Atacama, Peruvian Skulls, etc.

Busk (George), F. R. S. — Skulls from Ancient Peru. [401

Journal of the Anthropological Institute, *London*, 1863-1869. 7 vol., III, 86.

—— Remarks on a Collection of 150 ancient Peruvian Skulls presented to the Anthropological Institute by T. J. Hutchinson, H. M. Consulate Callao. *London*, 1873. — In-8°. [402

Journal of the Anthropological Institute, vol. III, p. 86-94.

Byer (Wolfgang). — Aymara cum versione latina. [403

Voy. Mürr (G. G. von). — Journal für Kunst und Literatur. 1775-1789, 17 vol. — Vol. I, p. 112-121; vol. II, p. 277-334; vol. III, p. 55-104.

Byrne (James) — General Principles of the structure of Language. « Grammatical Sketches ». *London*, 1892. — 2 vol. in-8°.

Quichua. Vol. I, p. 205-208. [404

Bzovius (Fr. Abr.). — Abrahami Bzovii Continuatio Annalium Baronii (ab anno 1198 usque ad annum 1565). *Coloniæ*, per Boetzerum, 1616-1630. — 8 vol. in-fol. [405

C

Calancha (Padre Maestro Fray Antonio de la). — Coronica moralizada del Orden de San Augustin en el Peru, con sucesos egenplares vistos en esta monarquia. En *Barcelona*, por Pedro Lacavalleria, 1638. — In-fol. [406

— Id. — *Ibid.*, 1639-1653. — 2 vol. in-fol. — P. Angrand, 95. [407

Le tome Ier de cette 2e édition n'est autre que le tome Ier de l'édition de 1638 avec la date de 1639.

— Id., continué par Fray Diego de Cordoba. *Lima*, 1653. — In-fol. [408

Cette continuation de l'ouvrage forme le tome II de l'édition précédente (1639). L'ouvrage n'a pas été achevé.

— Historia Peruana ordinis eremitarum S. P. Augustini, libri octo decim. *Antverpiæ*, 1651. (traduction latine de la *Coronica moralizada...*). [409

— Chronique, etc... *Toulouse*, 1653 (traduction française). [410

El Padre Ant. de la C., moine de l'ordre de St-Augustin, a écrit sa *Coronica moralizada* entre 1638 et 1653. Cette œuvre est un arsenal précieux de renseignements détaillés touchant les mœurs, usages et coutumes des Indiens du Pérou, ainsi que la topographie du pays. Il donne le calendrier Inca qui passe pour le plus exact et la « *Confesion* » de Lejesama.

Caldoleuch (Alexander). — Travels in South America during the years 1819-1820-1821, containing an account of the present state of Brazil, Buenos Ayres and Chili. *London*, 1825. — 2 vol. in-8°. Illust. [410

Pérou : Description de Lima, ch. XIV.

Calle (Juan Diaz de la). — Biblioteca Americana. Ms. rédigé vers 1646. [411

Ce ms. est mentionné par Alcedo (voy. ce nom) dans le prologue ou introduction de sa *Bibliographie des manuscrits*. Voy. Harrisse, *Bibliotheca America vetustissima*, Introd., p. XV.

— Memorial y noticias del imperio de las Indias. — 1646 (et non 1645 comme impriment Mausel, part. I, p. 335, et Pinkerton, *Voyages...*, vol. VII), Voy. Harrisse, *Bibl. Americ. vetustiss.*, p. 420. [412

Calvete de Estrella (Juan-Cristóbal). — Rebelión de Pizarro en el Perú y vida de D. Pedro Gasca... *Madrid*, 1889. — 2 vol. in-16. — 8o Z. 1841. [413

Calveto (Urbanus), en franç. Urbain Chauveton.

Voy. BENZONI (Girolamo). — Nova novi orbis... Historia, nunc in latinum translata... — Occidentalis Indiæ hactenus gestarum rerum... libri tres. — Geneva, 1578. — In-8o. [414

Nombreuses éditions en différentes langues.

Campbell (John). — Voy. HARRIS (John) D. D. — Navigantium atque itinerantium Bibliotheca... Carefully revised... by. J. C. *London*, 1744-1748. — 2 vol. in-fol. [415

— Id., *London*, 1764. — 2 vol. in-fol.

Campbell (John). — The traditions of the ancient races of Peru and Mexico identified with the historical peoples of the old world. *Nancy* et *Paris*, 1875. — In-8°. [416

Compte-rendu du Congrès International des Américanistes. 1re session. Nancy. — Vol. I, p. 348-367.

— The Aymaras of Peru. *Paris*, 1876.

Publié dans les *Actes de la Société d'Ethnographie*, nouv. série t. Ier (t. VIII de la collection, 1876), p. 219.

Cano y Olmedello (Juan de la Cruz). — Mapa geographico de America meridional. *Madrid*, — 1775. [417

— Id., *London*, 1799.

Canto (Francisco del). — Arte y vocabulario en la lengua general del Peru llamada Quichua y en la lengua española... En *los Reyes* (*Lima*), 1614. — In-4o. [418

Voy. *Bibliotheca Heberiana* VI, 55, n° 572 ; X, 18, n° 522.

Arte y vocabulario de la lengua general del Perú llamada Quichua. En *los Reyes* (*Lima*) 1816. — In-4o.

CAPITANO SPAGNUOLO della Conquista del Peru (Relazione d'un). [419

Voy. RAMUSIO, vol. III, fol. 310.

Cappa (Ricardo), Larrabure y Unanue (Eugenio). — Cuestiones historicas. Polemica que con motivo del libro « Colón y los Españoles »... *Lima*, 1885, in-8°. — P. 819. [420

Çarate (Augustin DE). — Voy. ZARATE (Aug. de). — The Discovery and Conquest of Peru. Translated out of the Spanish *(Sevilla*, 1877) by Nicholas Thomas (voy. ce nom). The Historie of the Discoveries and Conquest of Peru. Translated of the Spanish of Sarate *(sic)*. *London*, 1581 et 1587. — In-4°. [421

Carey (H. C.) et J. Lea. — Geography, history and statistics of America. *London*, 1823. — In-8°. [422

Carli (F. Antonio). — Compendio de gramatica quichua. *Santiago de Chile*, 1889. — In-8° [423

Carli (Giovanni Rinaldo ou Gian Rinaldo conte). — Delle Lettere Americane. *Cosmopoli (Florence)*, 1780. — 2 vol. in-8° et in-12. [424

Voy., sur les Péruviens anciens, les lettres 7 et 8 du 1er vol.

— Briefe über Amerika. Deutsch übersetzen von Christian Gottfried Hennig. *Gera*, 1785. — 3 vol. in-16. [425

Vol. I, lettres VII et VIII.

— Lettres américaines, dans lesquelles on examine l'origine, les mœurs, les usages des anciens habitants de l'Amérique, pour servir de suite aux Mémoires de D. Ulloa, par M. le comte J. R. C., avec des observations et additions du traducteur Jean-Baptiste Le Febvre de Villebrune. *Boston* et se trouve à *Paris*, chez Buisson, 1788 (et non 1787, Dorsey, p. 86). — 2 vol. in-8°. — P. 113 et P. Angrand, 712-713. [426

Voy. lettre VII. L'immortalité de l'âme chez les divers peuples de l'Amérique, surtout chez les Incas ; lettre VIII, Rites divers. — Simplicité de la religion des Incas.

— 2e édit., *ibid.*, 1792 (et non 1791, date indiquée par Dorsey, p. 86). — 2 vol. in-8°. — P. 113 A.

— Opere. *Milano*, nell' Imperial Ministero di San Ambrogio Maggiore, 1894. — 20 vol. in-8°. — Z. 31318. [427

Delle lettere americane, t. XIX.

Carmoy (Paul DE). — D'Arequipa à Cuzco. Souvenirs de voyage dans l'Amérique du Sud. *Paris*, 1857. [428

Revue contemporaine, 1re série, n° 31, p. 322-361.

Carrasco (Constantino). — Ollanta. Drama quichua en tres actos y en verso. Puesto en verso castellano por C. C. *Lima*, 1876. — In-8°. [429

Carrera (Don Fernando DE LA). — Arte (y vocabulario) de la langua yunga de los valles del obispado de Truxillo del Peru, con un Confesionario y todas las oraciones christianas traducidas en la lengua, y otras cosas. Autor el beneficiado D. F. de la C., cura y vicario de San Martin de Reque. *Lima*, año de 1644. — In-8°. [430

D'après G. A. Dorsey, *A Bibliography of the Antropology of*

Peru (Field Columbian Museum Anthropology, vol. II), p. 86, il n'existerait plus de cette édition que trois exemplaires : l'un à Madrid, un autre à Londres et le troisième à Lima.

—Arte y vocabulario de la lengua de los Chimu. Edité par le Dr Gonzalez de la Rosa (Reimpreso bajo la direccion de C. Paz Soldan). *Lima,* 1880. — In-8° [431

C'est une nouvelle édition de l'ouvrage précédent qui a été en partie réimprimé dans la *Revista de Lima.*

Carrey (Pierre-Émile). — L'Amazone. Huit jours sous l'Équateur. *Paris,* 1856. — In-12. [432

— Le Pérou. Tableau descriptif, historique et analytique des êtres et des choses de ce pays. *Paris,* 1875. — In-8°, xv-511 p. [433

Cartas de Indias. Publicalas por primera vez el Ministro de Fomento (avec des fac-simile de lettres autographes des premiers découvreurs de l'Amérique). *Madrid,* 1877, in-fol. Voy. Gasca (Pedro de la), Vaca de Castro (Cristobal). [434

Cartas referentes al Peru... del ultimo tercio del siglo xvi. — Oa.162.xciv.2. [435

Carter Brown (J.). Esq. — Voy. Brown (John Carter) (n° 389).

Cartes (et Plans) du Pérou. — Voy. v° Plans.

— Tabulæ Americæ specialis geographica regna Peru per Homarianos Heredes. n. d. [436

— Id. — *Amstelodami*, Guilielmus Blæneo excudit. n. d. [437

— Id. — *Amstelodami*, apud Joannem Janssonium. n. d. [438

— Le Peru, par Pierre van der Aa (voy. ce nom)..., *Amstelodami*, n. d. [439

— Carte de la Terre Ferme du Pérou, etc..., par Guillaume De l'Isle. *Amstelodami*, n. d. [440

— Le Pérou et le cours de la rivière Amazone, par N. Sanson. *Paris*, 1656. [441

— Charte der Provinz oder Audiencia von Lima oder des alten Kœnigsreichs Peru. *Weimar*. Verlag des Geograpischen Instituts, 1814. [442

Voy. Buache, supra nº 395.

Cartes de l'Amérique méridionale.

— Mapa geografiea de America meridional, por Juan de la Cruz Cano y Olmedello. *Londres*, 1775. 443

— Carte de l'Amérique du Sud, par D'Anville. *Paris*, 1748. [444

— Map of South America, by D'Anville. Nouv. édit. Improved by Bolton. *London*, 1775. [445

— Map of South America, by D'Anville and Bolton. *Venise*, 1779. [446

— Carte de l'Amérique du Sud, par Brion de la Tour. *Paris*, 1780. [447

— Carte de l'Amérique du Sud, par G. Da de la Rochette. *Paris*, 1807. [448

— L'Amérique méridionale, par J. B. von Spix et C. F. P. von Martius. *Munich,* 1825. [449

— Mapa general del America meridional (con cartones : Parte central de Chili, Venezuela, Colombia, Ecuador y contornos de Lima), por Enrique Kiepert. — Edicion segunda emendada y publicada por Ricardo Kiepert. *Berlin,* 1890. [450

CARTES, PLANS et VUES DE CUZCO.

Voy. RAMUSIO, vol. III, p. 412. — DE BRY, part. VI. — HERRERA (édit. de 1728), vol. III, p. 161. — MUNSTER, Cosmographia, 1572 et 1578. — BRAUN et HOGENBERG. Civitates orbis terrarum (supra nº 360). — DU PINET, Plantz, Pourtraitz et Descriptions de plusieurs villes. *Lyon*, 1564. — Pour les vues de Cuzco : Van der Aa et Rycaut (voy. ce dernier nom), traduction des *Commentaires royaux* de Garcilaso de la Vega.

Casas (Bartholome **de las**), évêque de Chiapas. — Brevissima relacion de la destruccion de las Indias..... Colegida por B. de las C. *Sevilla*, 1552. — In-4º. [451

— Breve relacion de la destruccion de las Indias Occidentales... *Sevilla*, 1852 (Reimpresa en *London*, 1812. — In-8º. [452

— Breve relacion... Éditée par S. T. de Mier Noriega y Guerra. *Mexico*, 1822. — In-16. [453

— Istoria o brevissima relazione della destruzione dell' Indie Occidentali. Con la traduzione in italiano di F. Bersabita (G. Castellani) (en espagnol et en italien). *Venezia*. 1626. — In-4º. [454

www.ingramcontent.com/pod-product-compliance
Ingram Content Group UK Ltd.
Pitfield, Milton Keynes, MK11 3LW, UK
UKHW021109260726
13994UKWH00002B/800

9 782329 345888